犁与**剑** 国防经济系列学术专著

金融安全
理论与技术研究

JINRONG ANQUAN

金融是国家重要的核心竞争力与安全博弈的"国之重器"

LILUN YU JISHU YANJIU

赵扬帆　著

金盾出版社
JINDUN PUBLISHING HOUSE

内 容 提 要

本书以维护我国国家安全和满足军事斗争准备的战略需求为牵引，以把握国防经济理论发展的前沿趋势为目标，以国防经济理论为基础，结合复杂金融、信息技术、社会网络等相关理论最新成果，将未来安全形势、网络化金融科技的发展趋势与我国新时代军事战略方针相结合，提出了一套以多域耦合为特征的金融安全理论与技术框架。

图书在版编目（CIP）数据

金融安全理论与技术研究 / 赵扬帆著 .—北京：金盾出版社，2024.9
（犁与剑国防经济系列学术专著）
ISBN 978-7-5186-0580-4

Ⅰ.①金… Ⅱ.①赵… Ⅲ.①金融风险—风险管理—研究—中国 Ⅳ.① F832.1

中国国家版本馆 CIP 数据核字 (2023) 第 228820 号

金融安全理论与技术研究

（犁与剑国防经济系列学术专著）

赵扬帆 著

出版发行：金盾出版社	开 本：710mm × 1000mm 1/16	
地 址：北京市丰台区晓月中路 29 号	印 张：13.5	
邮政编码：100165	字 数：165 千字	
电 话：（010）68214039	版 次：2024 年 9 月第 1 版	
（010）68276683	印 次：2024 年 9 月第 1 次印刷	
印刷装订：北京凌奇印刷有限责任公司	印 数：1 ～ 1500 册	
经 销：新华书店	定 价：78.00 元	

总　　序

　　国防经济研究源远流长。战争，不仅是敌对双方在战场上进行的军事对抗，同时，也是在经济、政治、文化、外交等各方面的全面较量。国防、战争与经济俨然呈现为一个复杂巨系统，共生演化，交织涌现。国防经济学作为军事科学和经济科学的交叉学科，是研究战争和国防建设资源配置效益的知识体系。现代以来，从国外《战争的政治经济学》《战时经济学》《总体战争论》《核时代的国防经济学》，再到我国《论持久战》《抗日时期的经济问题和财政问题》《论十大关系》，众多经典论著共同筑成了人类国防经济知识星空的璀璨星系。在战争和防务活动实践的牵引下，世界人国皆把国防经济学作为一门严肃的学科进行研究。

　　新中国国防经济学科建设发轫于战略科学帅才的前瞻擘画。1985 年召开的第一次国防经济学讨论会正式拉开了新中国国防经济学科建设发展的序幕。著名战略科学家钱学森在会上提议，针对我国缺少研究国防经济学、搞国防经济、搞国防科技工业的管理人才的实际，有必要建立一门把马克思主义的基本原理同中国实际相结合的国防经济学，同时还提议在国防科学技术大学等高校成立国防经济学专业。在这一战略设计下，我国国防经济学一度得到较快发展，包括国防大学、国防科技大学、原军事经济学院以及中央财经大学在内的机构或高校，在应用经济学领域建设国防经济重点学科，在基础理论、政策制度、重大现实问题研究以及研究生培养等方面都取得了丰硕成绩。

新时代国防经济蓬勃发展。在习近平新时代中国特色社会主义思想和习近平强军思想的英明指导下，国防经济发展呈现出全新态势，为贯彻总体国家安全观、建设世界一流军队提供了重要支撑，也对国防经济基础理论建设提出了新要求。一是紧盯新变局。世界大变局加速演进，中美战略博弈相持，新一轮科技革命和军事革命日新月异，战争制胜观念、制胜要素、制胜方式都在发生重大变化，国防经济研究务必紧盯科技之变、战争之变、对手之变，把智能化时代国防建设和战争经济的特点规律作为核心议题。二是拥抱新范式。主动适应"理技融合"客观实在需求，积极拥抱概念开发、场景驱动、组合演进、群智涌现、复杂性科学等全新科研理念，把科学原理、技术发展、军事理论等融合创新，实现范式转变。三是应用新工具。积极推开知识图谱、机器学习、因果推断、计量分析、仿真模拟、试验验证等数据密集型先进科研工具，用好开源创新平台、挑战赛等分布式、众创式、泛在式协同创新新模式，实现高质量发展。

"青年者，国家之魂。"《犁与剑国防经济系列学术专著》以一批青年学者博士学位论文为基础，经过多轮次迭代打磨提炼升华，终于得以出版。每一本著作都是新一代青年国防经济学者顺应时代之变、范式之变、工具之变的有益探索；是新一代青年国防经济学者"指点江山，激扬文字"的奋进之力、活力之源的淋漓展现；也是新一代青年国防经济学者面向未来、回答时代之问的内心最强音。我们相信，随着这批青年学者在本领域研究的继续深入，随着更多青年学者加盟到本领域接续努力奋斗，国防经济学学科与学术必将再次繁荣，国防经济学也必将会在强国强军推进民族复兴伟业中发挥更大的作用。

卢周来

2024 年 3 月于北京

前　　言

　　金融是国家重要的核心竞争力，也是全面建设社会主义现代化强国的有力支撑，可谓"国之重器"。金融安全是国家安全的重要组成部分，与国家安全和发展利益息息相关。当前，随着"混合战""全域战"等概念的提出，战争形态正快速演变，围绕金融安全的对抗已与军事战、政治战并列成为战争的重要对抗形式。在此背景下，如何有力地维护国家安全是关系我国经济社会发展全局的一项重要议题，维护金融安全正成为迫切需要理论阐释和实践指导的现实问题之一。因此，本书对金融安全博弈理论与技术的研究显得十分重要且必要，积极迎合了理论和现实需求：一方面紧扣国防经济学的发展脉络，顺应经济学和战争理论演变趋势，进一步完善国防经济理论版图；另一方面积极塑造维护国家利益的新手段，分析维护金融安全的基础和应用问题，进一步支撑我国运用金融博弈对抗手段应对现实安全威胁。由此，本书将博弈对抗与金融发展的趋势相结合，重视由理论向实践延伸，由金融本身向安全博弈聚焦，着重从主动博弈对抗视角展开基础性研究，以期为我国主动维护金融安全提供理论支撑。

　　本书按照"发现问题、分析问题、解决问题"的基本思路展开，共分为问题提出、基本要素、主体内容、理论应用四个部分。本书以国防经济理论为基础，结合了复杂金融、信息技术、社会网络等相关理论，用多学科交叉融合的方法探索了一套以多域耦合为特征的金融安全博弈理论框架。

问题提出部分位于第一章，在理论与现实都存在迫切需求的背景下，阐释了本书选题的重要意义，通过文献研究梳理了国防经济学与金融安全博弈理论的逻辑联系，评述了国内外关于维护金融安全的主要理论观点和不足，明确了本书的研究目标、思路和方法。

基本要素部分位于第二章，本章主要对金融安全博弈理论基本要素进行概要阐述，提出金融博弈是为了达成政治目的而以非暴力形式打击对手金融体系，从而夺取战略优势的一种对抗形式。金融安全博弈被定位为一种国家力量投射工具，能够发挥毁伤、威慑和融入战争行动三个层次的作用，具有超破坏性、超灵活性和超隐蔽性的特点。从历史脉络看，围绕金融安全的博弈对抗发源于战争与金融的关系演变，通过剖析金融学理论发展的四个阶段，能够清晰把握金融安全博弈演进的理论逻辑和实践路径，并推断出金融安全博弈对抗已经进入了多域耦合的新阶段，整个演进过程体现出目标微观化、手段复杂化、对抗隐蔽化的规律特点。

主体内容部分为第三、四、五章，该部分围绕金融安全博弈的核心理论展开，包括博弈机理、攻击样式、流程体系三项内容，旨在回答维护金融安全"为什么、用什么、怎么用"等基础和应用问题。影响安全机理方面，提出以对目标金融地理态势和网络拓扑两张视图的精准刻画为制胜基础，以识别打击金融市场、网络和社会脆弱点为制胜要害，以慑战并举削弱经济和政治支撑力为制胜途径。博弈样式方面，聚焦从主动对抗角度研究金融安全博弈，从空间、途径和样式三个层面递进分析，提出"三域、三途径、九样式"的基本框架：提出了物理域、信息域、认知域叠加耦合的金融安全博弈"三域"空间；明确与之对应的资本、网络和认知博弈途径；具体分析了九种博弈样式的形式、依据、原理及工具。流程体系方面，在参考 OODA 理论①和国外经验的基础上，结合博弈样式分析结论，提出了一套包括 4 阶段、12 步骤的金融安全博弈对抗流程框架，并从执行、技术和保障三个层面分析了各流程阶段的具体支撑环境，为理论向实践的跨越打下一定基础。

　　理论应用部分位于第六章，立足我国安全利益的现实需求，主要分析了金融安全博弈相应的体系建设对策，并以应用需求为牵引，为进一步完善我国金融安全博弈攻防体系提出了对策：一方面要构建扁平化的组织体系、培育实体化的力量体系、建设智能化的指挥控制系统，合力打造主动之矛；另一方面要加强金融市场风险防线、金融信息传播防线和金融网络安全防线，有效巩固防御之盾。

---

　　① OODA 理论即由美国空军上校约翰·伯伊德提出的 OODA 循环理论，以 Observation（观察）、Orientation（判断）、Decision（决策）、Action（行动）四个单词首字母组合得名。

目　　录

绪　　论

第一节　选题背景与研究意义

一、选题背景

金融是国家重要的核心竞争力，金融安全是国家安全的重要组成部分，金融制度是经济社会发展中重要的基础性制度。这是从战略高度和全局角度对金融的明确定位。金融是现代经济的核心，也是国民经济的血脉，与经济共生共荣。金融利用资本的逐利性，为实体经济活动提供关键的资金融通服务，通过对资源要素的优化配置来实现多方利益的最大化，有效促进经济社会发展。当前，金融作为国家发展和崛起的强有力支撑，已与国家利益紧密交织在一起，成为"国之重器"。

随着经济金融全球化以及国际金融秩序形成，金融在维护和拓展国家利益上发挥着越来越重要的作用。许多国家已经善于运用金融手段谋求国家经济利益，其中尤以美国为甚。在美元霸权的支撑下，美国不断地将大量国际资本吸进国债的"钱袋子"，融全球资本发展美国经济，更让一些新兴国家陷入了"斯蒂格利茨怪圈①"：一边低价对美国输出商品，一边将顺差赚得的外汇购买收益率很低的美国国债，而美国则把这些美元再投资到新兴国家获取高额回报。这种明显有失公平的国际资金循环过程，实质上是在金融全球化表象之下的财富掠夺，金融正是最大"帮凶"。在国际摩擦、冲突甚至战争中，金融更是成了实现国家安全利益的有力武器。在朝鲜、伊朗核问题中，在伊拉克、阿富汗以及叙利亚的军事行动中，在俄乌冲突中，以美国为首的西方国家频频挥动金融制裁的大棒作为施压或打击的手段，并取得了显著的效果。在多种场合下，金融手段已经成为美国常用的甚至是首选的对外政策选项，且有着明显的国防军事属性。如美国国防部制定了"反威胁金融"政策②，确立了以军事部门为主体的组织模式，旨在用金融手段打击恐怖主义和威胁美国国家利益的对手。美国的做法令世界各国更加关注金融安全博弈及博弈手段。越来越多的国家认识到，金融与国家利益的联系不仅在于实现经济利益，还能够以多种形式的金融安全博弈来实现安全利益。

随着战争概念的拓展和战争形态的演变，金融安全博弈已经成为重要对抗样式之一。战争本质上是一种资源的转移和秩序的重构

①　"斯蒂格利茨怪圈"由诺贝尔经济学奖获得者、美国经济学家约瑟夫·斯蒂格利茨于 1998 年提出，指的是在国际资金循环中出现了新兴市场国家以资金支援发达国家（如许多东亚国家持有巨额外汇储备）的得不偿失的资本流动现象。

②　"反威胁金融"政策是由美国国防部签署的指令性文件，编号 5205.14。该文件 2010 年首次颁布，2017 年作出修订，是为针对恐怖主义、非法贩运网络以及威胁美国利益的对手实施金融行动而制定的，适用于美国国防部各个组成机构。

过程。在长久的历史演进中，战争的外延不断拓展、内涵更加多元，一切有助于解决利益冲突、实现资源再分配的斗争手段都有了战争属性。美国已提出混合战、多域战、全域战等概念，认为战争的作战界限更加模糊、对抗领域更加交叠、资源消耗更加巨大、空间环境更加复杂，呈现出一种"混合战争"的新形态[1]。美军联合部队的行动将涵盖"陆、海、空、天、网"等全部作战领域，融合太空、网络、威慑、运输、电磁频谱、导弹防御等各种能力[2]。可以预见，未来战争中不仅将有赛博战、蜂群战、算法战等颠覆传统军事理念的作战样式出现，而且政治、经济、文化、网络等非军事领域对抗的重要性也更加凸显，金融战、经济战、舆论战等非常规作战样式将成为混合战争的常态化组成部分。目前，美国、俄罗斯等军事大国都不约而同地将金融列为重要对抗领域之一，并将金融安全博弈视作一种重要的威胁样式，积极研究行动模式及应对策略。

伴随着中华民族走向伟大复兴的步伐，金融安全成为我国国家安全、经济安全的重要支柱。实现中华民族伟大复兴是近代以来中华民族最伟大的梦想[3]，我国将不可避免地打破现有的国际利益格局，面临的外部阻力与挑战不容忽视。因此，如何在复兴之路上有力地维护国家安全和发展利益是一项重大实践课题。2014年，国家安全委员会第一次会议提出总体国家安全观，明确建设政治、国土、军事、经济、文化、社会、科技、信息、生态、资源、核安全于一体的国家安全体系。其中，经济安全是国家安全的基础，而金融安全则是经济安全的关键领域。金融为国家安全体系的各领域、各子系统提供着多渠道的支持与引领：金融通过组建多元化的融资体系为国家安全系统的相关行业输送资金支持；金融通过观察国内外资金的异常流动来预警风险，让国家在面对安全威胁时能够提前采取措施；金融通过阻断业务往来、冻结资金流动、提高融资成本和"反洗钱"等多种方式实现主动出击，消除各种潜在的安全威胁。当前，我国金融安全仍然面临着来自外部的多元复杂威胁。国际金融竞争已表现出规模性、暴力性和目的性特征，金融开放的同时也会将金融体系弱点暴露于外。个别金融强国曾经多次运用跨境资本、货币汇率、金融制裁等多种手段威胁国际金融安全，通过冲击金融市场引发了其他国家经济、社会与政治的多重危机。因此，采取有效措施确保我国金融安全，既是贯彻总体国家安全观的重要着力点，也是维护国家安全和发展利益的迫切要求。

可见，在金融与国家利益关系不断密切、金融博弈成为重要对抗样式、迫切需要维护我国金融安全的大背景下，关于金融安全博弈内涵要素、博弈对抗机理及实施规律的剖析与阐释，仍然是一个有待解决的重要理论问题。

二、研究意义

本书选题积极迎合了两个层面的需求：一是以理论需求牵引，从国防经济发展和金融安全博弈理论渊源入手，紧跟战争形态的演变趋势，结合相关理论的成果进一步拓展和深化金融安全博弈的理论内涵，完善金融安全博弈理论框架和内容，形成国防经济版图下的金融安全博弈基本理论；二是以现实需求牵引，从维护国家利益和应对现实威胁出发，进一步由理论向实践靠拢、由金融向博弈聚焦，研究金融安全博弈组织流程、应用场景和攻防策略问题，对金融安全博弈的实践应用构成理论支撑。在此基础上，本书在两个方面体现理论价值和实践意义。

一个方面是有助于完善国防经济理论版图。国防经济学本质上是研究国防经济资源配置效率特点和规律的一门学科，以经济学为工具，研究国防以及军队、战争等国防有关问题。国防经济理论研究有两个特点：一是科学性，注重运用经济学理论和经验方法，始终围绕着资源稀缺性和配置效率这个经济学主题展开；二是应用性，时刻聚焦国防经济运行中的重大现实问题，注重为政策制定和问题解决提供指导。因此，国防经济学理论体系的发展始终遵循两条主线：一条主线是经济学的发展为国防经济学带来新的研究工具和方法，如古典经济学的归纳演绎法、边际分析法，洛桑学派的一般均衡分析法，凯恩斯学派的宏观经济分析法，新制度学派的制度结构分析法以及信息经济学的博弈论方法，等等；另一条主线是战争形态的演进为国防经济学拓展新的研究对象和内容，如核战争、信息化战争以及智能化战争等不同演进阶段涉及的国防经济资源配置的新矛盾、新问题。当前，随着新一轮全球性的科技革命，经济学理论已由新古典综合派迈入复杂经济学的研究框架，战争形态也正加速步入混合战、全域战的新纪元。面对这些颠覆性的变化，国防经济学的理论体系也迫切需要进一步完善和发展。在众多新领域新问题中，维护金融安全是迫切需要理论阐释和指导应用的重大现实问题之一，凸显了金融安全博弈理论在国防经济理论体系中的必要性和重要性。因此，本书紧扣国防经济学的发展脉络，通过研究金融安全博弈机理、样式以及流程等基本理论问题，力求完善和填补国防经济学的理论版图，对于推动国防经济学发展、破解未来战争谜题有着一定的理论价值。

另一个方面是有助于运用金融安全博弈来应对现实安全威胁。《中国的军事战略》白皮书提出，实行新形势下积极防御军事战略方针，将军事斗争准备基点放在打赢信息化局部战争上，坚持政治、军事、经济、外交等领域斗争密切配合，积极应对国家可能面临的综合安全威胁[4]。可见，在我国应对和化解来自多源头、多领域的安全威胁时，不仅要做好充分的军事斗争准备，更应当善于打出包括经济、金融博弈在内的"组合拳"。金融博弈是维护金融安全乃至国家安全的重要对抗形式，其应用层面涉及的问题是多方面的，不仅有技术、战术问题，还有战略上的顶层设计；不是被动防御挨打，而是主动出击制敌。因此，我国的金融安全博弈实践需要从宏观的、长期的、积极的视角来夯实基础，迫切需要在攻防两端做足文章：既要强化金融防御之盾，有效抗击国际金融风险侵蚀、化解来自外部的负面冲击，确保利益不失；又要打造主动博弈之矛，努力冲破利益格局、消除潜在安全威胁，赢得利益拓展。本书从理论角度聚焦金融安全博弈的一系列应用基础问题，有助于为我国维护金融安全提供理论指导，更科学地制订攻防策略以及塑造有效能力，为主动维护国家安全利益提供一条创新路径。

第二节　文献综述

一、国防经济学关于金融安全博弈的观点综述

在金融安全博弈进入国防经济研究的主流视野之前，它的上层包络概念——经济安全和经济战，已经成为现代国防经济学的重要研究主题之一，并带动了金融安全博弈理论研究的发展。关于国防经济学的现代研究框架与发展路径，哈特利[5]曾在《国防经济学手册》中进行了比较完整的梳理，其中就包括了经济安全和经济战研究的演进过程，有力解释了为什么经济安全（包括金融安全）会成为国防经济学研究的一项主题。哈特利认为，国防经济学的现代研究起源于二战期间关于经济资源分配和使用的现实问题，并因此出现了

"用武力削弱敌人的经济""瘫痪敌人发动战争的经济潜力"等关于经济战的研究。冷战初期，在"热战"威胁降低的同时，人们越发认识到经济手段也可以作为国防政策工具实现和保持国家的战略目标，有关经济安全与经济战的研究不断升温，其中经济金融制裁、贸易政策、对外援助等形式都是经济战工具库中的必然选项。直到冷战后期，美苏双方的对抗已经发展为一场足以"毁灭经济的博弈"，甚至军事手段也被认为是广义经济战的一部分，因为军事对抗需要的高投入会挤占经济发展资源，长此以往必然危及国家政权。在这期间，经济安全不仅与国防建立了紧密联系，而且在美国结束冷战进程中发挥了不可或缺的重要作用，不论是从理论还是实践的角度来看，经济安全都必然地成为国防经济学的研究主题之一。哈特利和桑德勒在关于经济安全的表述中反复强调了金融制裁、金融工具的作用，认为经济安全、经济政策工具的研究为金融安全博弈理论的产生奠定了基础，实际上指出了经济安全对金融安全、经济博弈对金融博弈的包含关系。在对国防经济学发展的展望中，哈特利和桑德勒认为其重要方向是研究如何运用经济手段处置全球化条件下的国家安全风险，为此需要重新研究和评估经济手段的运用问题，包括信用、债务政策的作用。可见，虽未有十分明确地点出，但他们已经表达出了金融安全博弈在国防经济学研究中的地位和意义。

由于经济安全与金融安全的紧密联系，国防经济学视角的研究大多没有将金融安全博弈视为一个独立板块，而是将其与贸易、财政等经济手段共同纳入经济安全与博弈领域的研究，从作用、效果、边界等方面进行规范分析。现代国防经济学奠基人希奇和麦基因[7]在研究国防资源配置问题时，认为经济博弈在慑止威胁、减少全面战争可能性等方面能够发挥重要作用，并具体分析了包括金融制裁在内的经济博弈常见手段的局限性。谢林[6]用博弈论研究冲突与防务问题，将经济安全博弈比作一种能够实现防务目标的"承受成本战略"，认为经济安全博弈能迫使对手增加防务的经济成本，可以产生与军事手段同等的效益。随着国防经济学的发展，关于经济安全、金融安全的研究也更具多样性。柯林斯[7]对经济安全、金融安全的范围进行了较宽松界定，认为经济安全博弈是一个复合和相对的概念，既包括对对方经济实力和潜力的削弱破坏，也包括那些通过给攻击敌人来保护或增强己方经济实力的手段。陈和德鲁里[8]认为经济安全的研究范围应当有所聚焦，必须是在政治动机之下作为战争的辅助手段或颠覆目标政府的政策工具，为了政治目的而甘愿承受一切损失。如此界定就将凭经济利益驱动的贸易、金融纠纷和报复行为排除在外。库伦[9]认为经济安全博弈是运用非对称政策旨在削弱对方力量的一种经济竞争形式，其政治目的的重要性大于经济目的，因为发起者通常都不惜牺牲自身的经济利益来采取行动，但暴力行为并非经济安全的研究范围。

另外一些文献在国防经济框架下将金融安全博弈或金融博弈单列出来研究，为国防经济学和金融安全博弈理论拉起了联系纽带。万[10]在运用模型和实证研究国际经济制裁时，全面分析了关税、倾销、禁运等制裁措施的作用机理，特别是使用金融工具破坏目标国经济的过程原理研究，已经具有了金融安全博弈理论研究的雏形，为金融安全博弈和经济制裁理论的形成奠定了基础。肯普弗和洛温伯格[11]在研究经济安全、经济制裁时专门建立了金融制裁模型，以资本净流出为例分析了金融制裁对于目标国经济的短期、长期作用以及影响因素。特别是在制裁工具的选择策略上，他们引用国防经济学界的大量实证研究表明金融制裁往往比贸易制裁更有效，因为金融制裁通常更具有针对性和选择性，这一结论更加强调了金融安全在经济安全乃至国防经济学之中的价值地位。

国内关于国防经济学的研究起步较晚,姜鲁鸣[12]认为中国国防经济研究起步于20世纪80年代,在吸收借鉴西方理论基础上,受传统的政治经济学范式影响,国内研究更加关注学科理论体系的完整性和严密性。在这一背景下,国内研究普遍将经济安全及博弈作为一个规范研究的专题,但对经济安全博弈、金融安全博弈的界定有着不同的看法。在《国防经济大辞典》[13]中,经济战是敌对双方为夺取战略优势和战争胜利而进行的经济斗争,概念涵盖了战争期间激烈交锋的经济安全竞争、和平期间由明转暗的经济封锁与扰乱以及国际交往中相对温和的经济摩擦。可见,这种界定方式并没有区分战时维护经济安全与和平时期的经济博弈和竞争,而是体现了国内对经济安全概念的两种观点:狭义的如张振龙[14]认为,经济战必须是在战争状态下,交战双方以对方的经济实力和经济潜力为直接攻击目标,为了实现一定的军事目的而在经济方面实施的多种形式的斗争;广义的如刘化绵[15]认为,经济安全泛指敌对集团、国家在经济上展开的斗争,凡是对外强制性经济手段,包括贸易纠纷中实施的经济报复措施都属于经济安全范畴。这两种观点在国内文献中并行存在着,库桂生、沈永军[16]对此进行了概括综合,提出广义经济战是一国或地区为谋取战略利益和经济利益,在平时或战时运用包括经济、政治、外交、军事等手段而进行的经济斗争;狭义经济战是战时敌对双方或集团为达到特定政治目的和战争目的,围绕着削弱对方、保护己方的经济实力和潜力采取的各种行动和措施。在这种界定方式下,库桂生、沈永军将研究重点放在了对狭义经济战,也就是战时维护经济安全的规范研究上,提出了包含理论要素、原理和模型的研究框架。戈良、沈永军[17]沿袭了此种观点,进一步提出金融制裁是战时维护经济安全的样式之一，包括限制财务事项往来、查封或冻结财产、限制金融交易等具体形式，体现了这一研究框架下金融安全与经济安全的逻辑联系。

综上所述，从国防经济学文献来看，经济战和经济安全已经成为国防经济学的重要研究内容之一，金融安全是经济安全的组成部分，国防经济学正是通过对经济战、经济安全的逐步深入研究而触及金融安全博弈的领域，大量的规范与实证研究为金融安全博弈理论的形成创造了稳固的基础。在逻辑上，金融安全博弈研究是在国防经济学框架下研究经济安全的一种延续、细化与深化，主要的理论要素都来自国防经济学对经济战、经济安全的观点，如必须具备政治动机、具有破坏对方经济实力和潜力的作用、表现为暴力或非暴力形式、附带实施成本的"双刃剑"效果等等。随着国防经济理论的发展，经济安全研究的范围界定越来越清晰，分析角度也更加丰富，自然出现了许多针对金融安全博弈或某些金融博弈手段的专门研究。总的来说，国防经济学是金融安全博弈研究的基础和理论源头。同时，国内外国防经济学者对金融安全博弈的研究有着不同的倾向性，国外文献逐渐从规范分析转向了实证和案例研究，而国内文献更多是用演绎的方法进行理论研究，这也体现了东西方研究范式的传统和特点。

二、国外金融安全博弈理论观点综述

随着金融全球化的发展和国际政治局势的变化，金融安全博弈已经成为一些西方国家实现安全利益的常备工具，频频应用于国际争端甚至战争中，实践背后的理论需求显得非常迫切。不论是从国防经济理论的完善角度，还是从实践经验的提炼升华角度，国外学者对金融安全博弈理论的研究都在不断地升温。如在 Springer 数据库中精确检索"Financial War"词条共返回了84项结果①，自1974年收录第1篇文献起，整体的分布随时间推移而越发集中：2000年以前累计有文献15篇，2000年至2010年间有17篇，而2010年至2023年已经达到52篇。从文献的数量和具体内容可以看出，国外金融安全博弈的研究方法越发科学而丰富，研究内容更加独立化、体系化，产生了许多具有理论和实践价值的观点，这些观点主要集中在对三个基本问题的阐释，并对构建金融安全博弈的理论体系提供了支撑。

第一个基本问题：金融安全博弈有什么特点优势？当研究视角从国防经济学下沉到经济安全，再进一步聚焦到金融安全博弈之后，国外研究首先关注的是金融安全博弈与经济安全博弈其他形式相比的独特性和优势。胡安·萨拉特[18]认为金融安全博弈是围绕经济安全的博弈之中最为有效的形式。以美国为例，财政部和司法部门发动的金融制裁对恐怖分子、罪犯和"流氓国家"的威胁性要远远大于贸易制裁的实际效果，并且只附带很低的经济和外交成本。这是因为贸易制裁很少能得到足够的多边支持，更容易被对手规避和化解，而金融安全博弈却有四个显著优势：一是发挥全球银行系统的"瓶颈"作用，任何国家和恐怖分子都离不开金融服务；二是美国在金融领域有巨大优势，特别是美元的国际储备和支付地位；三是美国及其盟国掌握着全球主要金融市场，敌对国家的银行很难进入；四是美国金融部门受到政府监管，能有力阻止资金参与洗钱、贩毒和恐怖主义。因此，萨拉特认为金融博弈是最快速最有效的经济安全博弈形式，美国作为发动金融制裁最频繁、最有经验的国家，已经用实践证明了这一点。保罗·布莱肯[19]认为金融博弈甚至超越了经济博弈范畴。金融安全博弈虽源于经济安全，但其涉及

---

① 数据库查询结果来自施普林格网站 https：//link. springer. com/。

范围比经济安全更为广泛，因为金融安全博弈的实施和应对需要依靠国防部门、财政部门、情报部门等多部门的联合协作。对于一个国家来讲，金融安全博弈不只是经济层面的问题，而应当是更高的战略层面需要考虑的政策工具。随着国际金融的快速发展，金融安全博弈已经能够像军事作战中的精确打击武器一样，为解决国际争端提供更有效、可控的手段，与其他作战方式的协同配合还将使效果倍增。基于此，布莱肯认为需要建立一套覆盖行动全流程的金融安全博弈理论。

第二个基本问题：金融安全博弈的主要样式和实施方法是什么？国外学者普遍将金融制裁作为金融安全博弈的主要样式研究，这主要得益于西方国家频频发起的金融制裁为此提供的案例经验，而且这些制裁也往往能达到可观的效果。康斯坦丁·西夫科夫[20]就认为金融制裁工具以及其他非军事形式工具的使用，比传统武器装备更能在战争中对敌方经济造成有效的破坏。关于金融手段如何实施的问题，作为金融制裁的主要发起者，美国拥有的实践经验成为此类研究的重要支撑。莉亚·麦格拉思·古德曼和莱利·布朗宁[21]曾发表文章，介绍美国对俄罗斯金融制裁的实施过程和效果。美国将世界第四大石油贸易公司"贡沃集团"的创始人之一格纳迪·季姆琴科列上金融制裁名单，迫使他为公司业务正常运行而出售了43.59%的股份，这反映了美国金融制裁的强大威力。美国时任财政部部长助理丹尼尔·格拉泽表示财政部拥有一整套金融制裁工具以维护国家安全：财政部内成立了恐怖主义和金融情报局（TFI），负责运用先进的金融武器来打击敌对目标；其核心部门是情报与分析办公室（OIA）和外国资产控制办公室（OFAC），负责根据总统命令编制和发布金融黑名单；制裁措施根据其触发因素等级分为三个级别，从低到高依次为象征性制裁、个人制裁和部门制裁。该研究认为美国对俄罗斯金融制裁的效果显著，据国际货币基金组织（IMF）估计，受制裁的俄罗斯 2014 年经济增长率仅为 1.3%，美国凭借金融制裁牢牢占据了对俄博弈的上风。关于金融制裁的决定过程，爱德华·康威[22] 研究了"威胁金融分析师"的诞生和发展，认为这些主要来自 OIA 的分析师也是美军"反威胁金融小组（Threat Finance Cells，TFCs）"的核心成员，在对伊拉克、阿富汗等军事行动中负责搜集分析金融情报、制订金融制裁方案，并拥有一套完整的业务流程。可见，美国对金融手段的研究已经进入实践层面，具备了成熟的运作机制，也反映出金融安全博弈在美国有着突出的战略地位。美国兰德公司[23] 曾发布《美国强制力量研究》的报告，提出强制力量是介于硬力量和软力量之间的第三种力量，在特定的应用条件下能够实现不战而屈人之兵，至少可以作为一种武力打击的前置试探性工具，而在美国拥有的强制力量中，最为其热衷的就是金融制裁，原因有四：金融制裁是类似精确制导武器的一种强制力量，可以做到锁定俄罗斯的"大佬"、朝鲜的将军、伊朗的军火商；美国可以凭借在国际银行体系的主导地位实施制裁；金融制裁对资本市场具有连带效应；金融制裁从技术和法律层面都有很大灵活性。报告还建议应该进一步加强对金融资产及其流动的监控，对那些坚持与对手（受制裁国家）业务往来的国家和银行进行孤立，应该像准备军事战争一样，做好使用强制力量的准备。

第三个基本问题：金融安全博弈的发展方向是什么？随着信息技术引领的金融数字化、网络化趋势不断加深，国外研究也开始以发展的眼光看待金融安全博弈理论研究，其中颠覆性的思路是将金融网络纳入了研究视野，将针对金融基础设施的网络攻击视为金融安全博弈的主要发展方向。美国时常声称遭受了来自潜在对手的网络黑客攻击，其金融网络的安全受到威胁，因此美国学者成了研究金融网络攻击的主要群体。关于网络攻击在金融手段发展过程中的必然性，图拉克[24]认为混合战概念的深化是一般源头，许多国家已经将针对金融系统的网络攻击与混合战联系起来，认为金融网络攻击已经是新型战争的组成部分之一，与信息战、电子战一起构成了对美国的"混合威胁"。伯格哈特[25]分析了金融网络攻击的具体手段，以美国金融系统遭受攻击的案例为基础，提出网络金融手段的主要方法是运用数字基础设施和金融技术破坏关键服务和金融数据的完整性，或是直接盗取资金。并且，伴随着金融业越来越依赖数字基础设施，金融技术、系统的联系更紧密，操作更加自动化，网络攻击的威胁性也将越来越大。根据艾丽卡的观点，网络攻击是美国最有可能面临的金融安全博弈样式，极大地威胁到国家安全，其特殊之处在于可以从网络空间避开美国的传统优势领域（如军事），是对手可能采取的少数几种能够挑战美国的方式之一。布鲁金斯学会[26]研究了金融网络攻击的作用机制，认为网络攻击可能通过金融系统的不可替代性、市场信心缺失、数据完整性丢失等路径来引发系统性的金融危机，从而对目标国家安全造成重大威胁。金融网络攻击的特点在于：攻击时机上的任意性，网络攻击需要长期规划，攻击者会在数周或数月之前渗透到系统中，提升他们的权限，并确定如何最好地造成破坏，一旦部署就绪便可以选择任何时间节点进行破坏；攻击目的上的针对性，网络攻击能够精准地瘫痪、摧毁或破坏某一金融市场的某一项功能，而引发金融体系的不稳定却是大范围的；攻击效果上的复杂性，网络空间是一个复杂系统，因为涌现性的存在，一个局部的损害很容易以意想不到的方式产生外溢效应，从而造成"黑天鹅事件"，后果难以预测且极其严重。

在这三个基本问题的研究基础上，国外对金融安全博弈已经有了较为综合和系统的理论研究，特别是大卫·卡茨[27-28]，基于美国视角的研究提出了一套金融安全博弈的基本理论框架，可以将其观点归纳为六个方面。

概念：金融手段是用金钱和信用攻击（保护）对手（朋友），可以放大和加速对经济安全造成的损害，随着全球金融市场一体化的出现，金融安全博弈已成为一种新的国家力量投射工具和精准灵活的制敌策略。

目的：金融安全博弈的最高目的是实现国家的安全利益，最低目的是要将发动金融手段的成本转嫁给冲突的发起者。

对象：金融博弈的对象是对方的资本，包括直接攻击流动性最强的一级资本（如现金），或者间接攻击依赖市场交易的二级资本（如股票）、构成金融基础设施的三级资本（如机构资本）。

流程：首先经过数据分析获得经济区域图和金融轨迹图，其次基于想要的结果确定攻击目标，进而基于目标的金融功能特点规划金融安全博弈的策略与手段，最后实施行动。

路径：从本质上看，金融安全博弈比拼的是双方的金融结构或业务，以资本形成打击、资本流动打击和风险管理打击为主要攻击途径，在不同途径下分别可以从宏观和微观的角度制定出具体的攻击方案。

作用：金融安全博弈在宏观层面为美国提供了新的对外政策选项，在微观层面确立了一种独特的攻击样式，能有效满足美国对于应对非军事威慑和金融安全博弈威胁的现实需求。

综上所述，国外的金融安全博弈理论研究基于金融安全博弈的特点优势、样式方法以及发展方向等基本问题形成了一套研究框架，关于金融制裁理论和金融网络攻击等研究观点令人印象深刻，颇具理论价值和实践意义。如若以批判的视角来看，目前国外的研究还有着两个方面的明显不足。一是研究起点大多以实践案例为牵引，理论体系的完整性欠缺。受到西方学术研究惯例的影响，国外的金融安全博弈理论研究更倾向于沿着由表入里、从实践到理论的思路进行，特别是对具体事例的特殊性研究要多于一般性研究，着重解决个案问题而非完善理论体系。即便是卡茨的综合性研究也主要基于美国的现实条件和需求，从样式到机理的分析都缺少足够一般性的结论。诸如此类，国外研究的重点分散、各自为战，对于构建理论体系来说过于松散。二是研究视角主要站在了美国的立场，对其他国家的适用性欠缺。从文献来看，国外对金融安全博弈的理论研究特别是金融制裁、网络攻击研究主要来自美国。一方面是由于美国发动金融制裁手段时间早、案例多、资料更加丰富，构成了天然的研究优势；另一方面也在于美国拥有的国际金融霸权地位塑造了独一无二的金融权力，基于国际金融体系和美元，美国能够使用的方法手段令其他国家望尘莫及，更加吸引研究者的目光。因此，很多研究的基点都建立在既有金融霸权之上，对美国以外的国家缺乏足够的参考性。

三、国内金融安全博弈理论观点综述

虽然国内关于金融安全博弈理论的研究起步晚于西方，但美国在伊拉克、阿富汗的军事行动以及"阿拉伯之春"运动中屡屡收效的金融安全博弈手段让国内学者开始警醒与深思。要想应对金融安全博弈威胁，就要更积极深入地了解金融安全博弈的基本原理和实施方法。因此，在安全利益的驱动下，金融安全博弈开始从国防经济、经济安全等概念下独立出来，成为国内理论研究的一个热点。

如图 1-1，以"金融安全博弈"为关键词在知网中搜索返回的结果显示，自 2001 年美国发动阿富汗战争开始，国内关于金融安全博弈的研究迅速增多，文献数量分布体现了一定的趋势特点：在中美关系存在变数时，如 2001 年南海撞机事件、2009 年"亚太再平衡"战略、2013 年钓鱼岛争端以及 2019 年中美贸易战等年份，关于金融安全博弈的研究会明显增多。可以看出，美国是国内金融安全博弈研究的必然风向标，不仅在于美国的新做法新观点对国内有很大的理论影响，更在于美国的潜在威胁凸显了研究必要性。因此，国内金融安全博弈理论研究大多是从对美国的分析入手，研究思路上带有明显国际政治和大国博弈色彩，这些观点大致可从三个角度进行归纳。

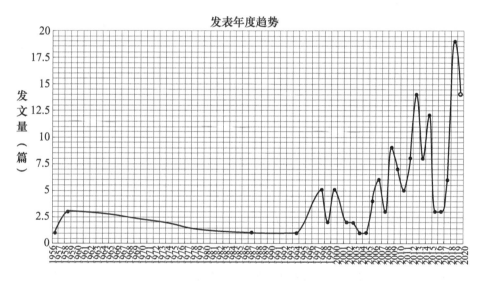

图 1-1　国内金融安全博弈文献发表年度趋势

　　第一，关于金融安全博弈概念内涵的研究。什么是金融安全博弈？理论研究最基本也最重要的问题是对研究对象的界定。乔良、王湘穗[29] 较早关注金融安全博弈的概念和作用，认为未来战争将是"超越一切界限和限度的战争"，金融手段则是超限战范畴内的重要形式，也是一种动作隐蔽、操控灵便、破坏性强的超级战略武器。

以亚洲金融风暴来看，金融博弈造成的经济倒退、秩序崩溃、社会骚乱引发的伤亡不亚于一场局部战争。张光才、张绍忠和陈金召[30]也在研究混合战时表达了相似的观点。从根本属性上看，乔良[31]认为金融博弈是一种国家行为，与一般的金融投机行为性质完全不同，金融投机是为了获得个体的经济利益，而金融博弈是通过损害或搞垮对方而获得整个国家的利益。徐进[32]也认为金融博弈是国家层面的较量，将金融比作一种权力，与陆权、海权一样是影响国家政治、军事、外交策略的主要因素之一。金融权力优势将会成就国家的战略优势，因此金融博弈天然带有战争的属性。火颖[33]提出了一种金融博弈的定义方式，认为金融博弈是敌对双方为达到一定的政治与经济目的，在金融市场上运用各种金融工具以非暴力的方式掠夺和占有对方的财富与资源的极端竞争。战争原本就是靠暴力手段掠夺和占有对方各种资源的斗争形式，而金融博弈则是国家战争范畴内的一种特殊形式，具有规模性、暴力性和目的性特征。柯原、方杰[34]认为由于金融安全博弈对于国家安全有着重要意义，有必要建立独立的金融安全博弈学科体系。金融博弈虽起源于金融竞争，但已具有很强的军事属性。从香港金融保卫战可以看出，金融危机的发生有一定预谋性和人为操纵性，意味着金融博弈已成为集军事谋略、金融杠杆原理、数量金融工具与技术等于一体的新型攻击形式，特别是信息作战将成为现代金融安全博弈的重要手段，顺应了军事战争的发展趋势。可见，这些研究对于金融安全博弈的国家和战争属性观点较为一致，认为金融安全博弈是由国家发动的一种特殊的战争，背后必然是国家利益和政治目的，以此划定了金融安全博弈的基本研究范围。

第二，关于美国金融安全博弈案例的研究。无论在理论还是实践方面，美国都是金融安全博弈研究无法绕过的锚点，很多国内观点都基于对美国案例的分析，试图从中总结美国发动金融安全博弈的各种样式和实际效果。江涌[35]认为随着金融全球化的发展和金融资本的扩张，美国主导的西方金融寡头对国际资源的掠夺实质上就是金融安全博弈的一种形式。国际金融寡头通过跨国兼并收购的方式操控各种资源市场，目的是掌握国际资源的定价权与标价权。各国金融实力的大小直接决定了国际资源的分配方式，美国始终处于霸权优势地位，而新兴国家则只能任人宰割。王世豪[36]研究了日本"广场协议"和东南亚金融危机的过程，认为汇率是金融安全博弈的重要工具之一。美国借"广场协议"对日元的一系列汇率、利率操纵行为，是导致日本陷入经济危机的重要原因，而国际投机者在东南亚金融危机中利用了新兴国家金融市场的机制漏洞来操纵汇率，造成了东南亚经济急剧下挫。以汇率为工具的金融博弈具有灵活、隐蔽、破坏性强等特点，是核时代条件下的一种顶级的战略武器。江卉[37]通过研究美国对伊朗的金融制裁，认为金融制裁是美国金融博弈的首选样式，对伊朗的金融制裁将其隔离在国际支付体系之外，冻结了伊朗央行及其他金融机构在美资产，造成了伊朗的石油出口受到严重影响，并且也因结算支付问题难以与第三方国家合作。究其原因，石油与美元在布雷顿森林体系瓦解之后的强势关联所奠定的美元霸权基础，是能够对伊朗金融制裁发挥作用的最直接因素。雷思海[38]认为现代金融安全博弈是美元与黄金脱钩之后才诞生的，美元的输出让金融代替战争成了掠夺财富的手段，美国正是始作俑者和最大得利者。美国的首次金融安全博弈始于1971年美元与黄金脱钩之后的信贷爆发式增长，8年间美国M2（广义货币供应量）年均增长了11%以上。货币扩张带来长达10年的滞胀期，而美国则通过贬值从西欧收获了暴利。随后美国大幅提升美元利率，开启了强势美元政策，又造成了西欧的资本外逃，出现长达5年的经济负增长。通过分析这些案例背后的原理，雷思海认为美国采取金融手段的基础是美元资本的无限创造能力和资产"泡沫固化"战略，而最有效的金融"核武器"是欧洲美元和信用违约互换（CDS）策略，美国因此获得了极深的资金蓄水池和无限的以信用创造资本的能力。

第三，关于金融安全博弈样式与对策的研究。不同于以上对概念的浅尝辄止和分散的个案研究，许多国防经济和金融学者都对金融安全博弈的实施样式及应对策略进行了较为宏观全面的分析，所述观点更具系统性和针对性。其中国防经济学者的观点侧重于国防和军事需求的角度，如卢周来[39]从剖析金融霸权的形成过程入手，认为美国正是在军事霸权的支撑下行使其金融霸权，包括六大攻击手段：操纵汇率，通过对冲巨额债务变相获取财富；金融制裁，造成对手货币贬值和物资匮乏；"货币战争"，利用美元霸权控制国际信贷和对手融资；信用陷阱，利用信用评级垄断地位攻击对手主权信用；"智能帝国主义"，利用金融情报优势要挟关键政治人物；军事打击，消灭任何威胁美元体系的政权。对策方面，由于我国正面临着这六种威胁风险，必须稳健地推行人民币国际化，并建设与之相称的军事力量。库桂生[40]站在维护国防和金融安全博弈视角分析了如何应对战时金融安全博弈的威胁，认为我国可能遭受的金融手段有冻结海外账户存款和其他资产、抽离外国资本、恶意操纵股市和金融网络攻击等，极端情况下还有印发假币等无视任何规则的手段。战时金融手段能够对国家金融制度和体系构成实质冲击，负面影响的持续时间久，金融动荡和机构连环倒闭还会带来一系列不良经济后果，为此提出我国应当积极做好金融手段的防御准备。相比之下，金融学者的观点则多偏重国际政治博弈和金融实操因素，如任泽平[41]认为美国发动金融战可以概括为三大层次和九种手段：第一层是攻击金融制度，包括逼迫他国按美国意愿开放金融市场、催化金融泡沫的形成与破裂；第二层是制裁金融主体，包括利用国际清算体系和金融基础设施发起制裁、阻止企业赴美融资、操纵对主权和企业的信用评级；第三层是攻击金融工具，包括认定"汇率操纵国"、强迫目标货币升值放水、做空目标货币引起金融震荡、做空目标资本市场和超发货币输出通胀。任泽平认为美国很有可能针对我国的金融薄弱点发动金融战，应当将金融安全博弈上升为国家安全的战略高度，采取"防御与反制并行，改革与坚守并重"的策略，具体做到主动有序开放、加强改革监管、同步行政反制、促进繁荣稳定，并打好汇率、关税和美债牌，推进人民币国际化进程。郑刚[42]也进行了类似的对策研究，认为金融手段是一种全新的作战方式，可以由国家级主体（央行、主权财富基金）和非国家主体（对冲基金）发动，通过各种手段引导资金大规模流出目标经济体，造成现实的严重的危机。金融安全博弈的常见攻击方式有量化宽松、制造地区冲突、利用公共卫生事件制造恐慌、施加政治压力、调低信用评级和对冲做空等等。从中可以归纳金融攻击的特点有不对称性、隐形性、自组织性和利益同盟性。在应对方面，郑刚提出要审慎金融开放、深化金融安全博弈的理论研究、建立金融安全博弈监测体系、建立金融安全博弈与国防安全的衔接机制以及推动金融安全博弈演习评估，总体上更加突出金融安全博弈的国防属性。

综上所述，在理论与现实两方面的需求牵引下，国内近年来已越来越重视对金融安全博弈理论的研究，在金融安全博弈的内涵、原理、作用以及意义方面产生了富有理论价值的成果，特别是关于金融攻击的对策分析还有较强的现实意义，这些文献对于构建具有我国特色的金融安全博弈理论体系创造了良好基础。但与此同时，国内对金融安全博弈理论的研究深度和厚度还存在着不足之处，主要体现在四个方面。一是研究焦点较为分散。尽管文献数量在增加，但各方对金融安全博弈研究范围的划定愈显模糊，重点、焦点也随之分散，尤其在"金融攻击与国际金融博弈的区分界定""金融攻击是否包含军事打击""维护金融安全该由政府还是军队主导"等问题上还有待统一认识、进一步聚焦。二是研究视野较为局限。国内研究的金融安全博弈通常局限在传统视角下的金融制裁和资本交锋领域，对近年来越来越重要的金融信息网络和复杂系统等新领域仍鲜有提及。相比之下国外的许多研究已经将金融网络攻击、信息攻击等途径纳入了金融安全博弈的研究范围，有的已经从概念提出深入到技术应用的层面，在对金融安全博弈的理解认识上更加全面。三是研究立场过于被动。金融安全博弈的理论理应包含"攻""防"两个部分，但目前的国内研究普遍以美国为风向标，以中美大国博弈为研究背景，对"防"的偏好比较明显。站在我国立场上看，美国的金融霸权始终是博弈中的主要威胁因素，对国家利益的影响重大，即便我国与周边经济体发生冲突对抗也必须考虑和防范美国的介入。受此影响，国内研究在很大程度上存在着重视被动防守、忽视主动进攻的问题。四是理论与实践的结合有待深入。目前国内的研究普遍集中于案例分析和理论层面的归纳演绎，对理论的条理性、完整性有较多的考虑，但过分注重理论完美的同时也拉大了与实践应用的距离，对富有实践意义的金融安全博弈组织方法、流程、技术等方面的研究少之又少。美国已经在国防部指令、指挥官手册[①]等军方文件中规定了金融攻击的实施方法、流程、管理和权责，相比之下，国内金融安全博弈的研究还未正式踏出向实践跨越的关键一步。

---

① 见2010年美军联合司令部发布的《一体化金融作战行动指挥官手册》，以及2011年美军联合参谋部发布的《反威胁金融行动指挥官手册》。

第三节　研究内容

一、研究思路

本书的总体思路是以维护我国国家安全的战略需求为牵引，以把握国防经济理论发展的前沿趋势为目标，按照发现问题、分析问题、解决问题的总体思路展开，形成关于金融安全博弈理论研究的问题提出、基本要素、主体内容、理论应用构成的总体布局，将未来战争形态、网络化金融科技的发展趋势与我国新时代军事战略方针相结合，将金融安全博弈的方法理论与实践应用相贯通，力求在未来我国重要或敏感场景事件中对金融安全博弈的运用发挥出支撑和指导作用。

二、主要内容

第一章绪论部分主要介绍了本书选题方面的情况。一方面随着战争形态演化和经济学科发展，研究金融安全博弈理论是推动国防经济向前发展的重要抓手；另一方面在总体国家安全观的视角之下，我国对于金融安全博弈理论也有着现实需求。在此背景下，本书选题显得十分必要和迫切，不仅有着重要的理论价值，也对我国未来应用金融安全博弈具有实践指导意义。通过对金融安全博弈理论起源以及国内外最新研究文献的梳理和总结，本书选题能够一定程度上弥补目前国内研究的不足，为拓宽研究视野，开拓侧重于实践和进攻的新领域作出理论贡献。

第二章对金融安全博弈的基本理论要素进行了概述。金融安全博弈是一个经济体为了达成某种政治目的而采取非暴力手段攻击另一个经济体的金融体系，通过造成金融毁伤来削弱对手的战争经济支撑，从而在对抗较量中夺取战略优势的一种斗争形式。这一概念有着明确的内涵"五要素"和外延边界。维护金融安全的总体定位是国家力量投射工具，能够发挥三种功能作用：一是以金融毁伤削弱战争经济支撑，二是以威慑力量"不战而屈人之兵"，三是以跨域多域攻击融入混合战争行动。与其他斗争形式相比，金融安全博弈具有超毁伤性、超灵活性和超隐蔽性的特点。从历史发展的脉络来看，金融与战争关系的演变使得金融逐渐走向了国际斗争的前台，从历史案例的经验中可以看出金融安全博弈的演进遵循着目标微观化、手段复杂化和对抗隐蔽化的客观规律。

第三章分析了金融安全博弈机理问题，是主体研究内容之一。机理是金融安全博弈理论的关键问题之一，也是研究金融安全博弈的逻辑起点，能够反映金融博弈取胜的基本原理和规律。金融安全博弈的博弈机理包括三个方面内容：制胜的基础是通过绘制金融地理态势图和金融网络拓扑图来全面精准地刻画目标特征；制胜的要害是通过金融制度、金融系统和金融网络等多个角度来识别和打击脆弱点；制胜的途径是通过慑战并举的综合作用削弱对方经济支撑力和政治支持力，从而塑造己方的优势胜势。这三方面的规律共同揭示了金融安全博弈取胜的内在逻辑。

第四章从理论角度阐述了围绕金融安全博弈进行博弈的空间、途径与样式，是主体研究的内容之二。金融安全博弈的空间与攻击途径的研究是分析金融安全博弈的具体样式特点的必要基础。金融博弈的空间是由物理域、信息域和认知域叠加融合而成的"三域"空间。在"三域"的基础上根据攻击机理、作用通道和承载工具的不同，可以进一步梳理出金融博弈的三条主要攻击途径：从物理域发起的资本攻击途径、从信息域发起的网络攻击途径以及从认知域发起的认知攻击途径。各条攻击途径具体对应着金融博弈的九种基本攻击样式,其中资本攻击对应着金融制裁、货币投机攻击、资本市场做空;网络攻击对应着金融系统组件攻击、金融网络协议攻击、金融网络拓扑攻击;认知攻击对应着制造媒体偏见、炮制虚假信息、"智能帝国主义"。在对每一种攻击样式的概念介绍后具体分析了攻击对象、手段以及实施技术等方面的主要特点。

第五章从应用层面分析了金融博弈的流程体系,是主体研究内容之三。金融安全博弈的流程体系是推动理论向实践延伸的关键问题。在金融安全博弈机理和攻击样式的研究基础之上,基于 OODA 理论和美国的相关经验,紧密结合了金融安全博弈多域融合的发展趋势,提出以 4 个阶段、12 项流程的 "2 + 3 + 3 + 4" 体系为特征的金融博弈流程框架:观察阶段需要执行数据搜集、态势可视化;判断阶段需要执行识别脆弱点、人工金融系统、金融安全博弈方案拟制;决策阶段需要执行计算实验、方案评估、人机混合决策;行动阶段需要执行指挥控制、资源调配、团队执行、效能评估。在流程分析中,分别从任务执行、技术支撑和要素保障等层面分析了各个实施阶段依赖的支撑环境,明确了金融安全博弈流程顺利运行的必备要素,为金融安全博弈理论向实践的跨越奠定了基础。

第六章立足我国现实情况分析了金融安全博弈的应用前景并提出了完善金融安全博弈攻防体系的对策。从我国国家安全利益的现实需求出发,"灰色地带"斗争①是我国未来的重点战略方向之一,也将是金融安全博弈的重要应用场景之一。在这样的现实需求下,为了提升金融安全博弈能力,我国还需要在攻防两端完善金融安全

---

① "灰色地带"是指国家和非国家行为体之间及国家内部的竞争性互动区域,介于传统战争与和平的二元性之间。"灰色地带"斗争指低于常规战争门槛,超出正常竞争界限的一种冲突行为。

博弈体系：一方面要构建扁平化的组织体系、培育现实化的力量体系、建设智能化的指挥控制系统，打造锐利的主动博弈之矛；另一方面要建设强化金融市场风险防线、金融信息传播防线和金融网络安全防线，巩固坚实的防御之盾。

结论和展望部分对本书观点进行了总结，并提出了创新点以及对未来研究的展望。本书从基本概念、博弈机理、空间样式、流程体系以及应用前景五个方面得出了研究结论，体现了四个主要创新点。

第四节　研究方法

本书的研究有着"广阔"和"聚焦"两重性质。"广阔"是指立足于当前战争形态变化的趋势和现实需要，本书研究内容融合了军事学、经济学、管理学等多学科知识，各个知识领域的交叉融合体现出了研究范围的广阔。"聚焦"是指本书的主体部分始终围绕着金融安全博弈理论的主要构成要素展开研究，通过逐一破解问题构成整体的理论拼图，体现出了一定的研究深度和精度。这两重性质表现为本书研究的四个主要方法。

一是规范研究与比较研究相结合。规范分析是从金融安全博弈的研究主题出发，对于金融安全博弈理论涉及的本质问题进行符合国防经济研究范式的剖析，通过逻辑上的归纳演绎得到金融安全博弈的理论架构、基本要素和原理；比较分析是指从不同层次、不同角度比较衡量金融安全博弈、军事战以及其他斗争形式的相同点与不同点，相同之处加以借鉴完善，不同之处做出区分辨析，从而对金融安全博弈形成独特而立体的认识。二是宏观研究与微观剖析相结合。宏观研究是从系统性的宏观视角对金融安全博弈的整体理论框架以及流程体系框架进行合理设计，力求全面而准确地勾勒出金融安全博弈理论的总体面貌，更加注重宏观把控；微观剖析是指对金融安全博弈理论中的某一方面或某一视角进行细致展开的研究，特别是对金融安全博弈的每种攻击途径与样式做出具体分析，更加注重细节刻画。三是定性研究与经验总结相结合。定性研究是通过描述与概括、分析与综合、逻辑与推理等思维方法来加工素材，明确金融安全博弈理论各个部分的逻辑关系和内在规律；经验总结是借助图表、数据和模型来对既往案例的经验教训进行梳理分析，将历史实践活动总结上升为理论化、系统化的经验结论。四是文献研究与个案研究相结合。文献研究是通过查找文献来全面准确掌握金融安全博弈的相关理论问题以及研究现状的方法，特别是对于涉及的多学科交叉领域文献进行了大量研究；个案研究是通过对我国在"灰色地带"斗争中应用金融安全博弈的前景设想进行针对性的资料调查与分析，基于客观实际和主观需求给予建议与结论。

第 二 章

金融安全博弈理论概述

对金融安全博弈的研究需要以一定的要素和条件为支撑，其中首要的问题就是厘清金融安全博弈的概念、特点、作用等基本的理论构成要素，这对于明确研究范围、夯实研究基础具有重要意义。本章分析金融安全博弈理论的基本要素，在概念界定基础上，从金融安全博弈的总体定位、功能作用、主要特点和历史演进等方面描述金融安全博弈的总体轮廓，为后续研究奠定基础。

第一节　金融安全博弈的概念界定

著名军事学家克劳塞维茨曾提出"任何理论首先必须澄清杂乱的、可以说是混淆不清的概念和观念"[43]。概念是对一件事物包含的要素做出的一种精练概括，以确定该事物的内容和边界。对于任何理论研究来说，明晰的概念是划定讨论边界的基本依据，关于金融安全博弈的研究更是如此，由于缺乏统一规范，以往关于金融安全博弈的许多不同看法都源自对概念的不同理解。因此，对金融安全博弈概念的界定是进行金融安全博弈基本理论研究的必要前提，可以从来源、内涵和外延的不同视角探讨金融安全博弈的概念问题。

一、概念溯源

本书所指"金融安全博弈"是"金融"与"战争"两个词汇结合的产物。金融的概念可以追溯到几千年前世界上第一批城市形成的时期，有关商业增长与利润的第一个数学模型就出现在4000年前的古代西亚地区，从此金融与人类城市文明长久地并行发展[44]。金融代表的内涵和功能越来越丰富，依托的各种技术也越来越复杂，逐渐形成了现代金融概念。《新华词典》对"金融"的定义是"一般指与货币流动和银行信用有关的一切活动，如货币发行、流通、回笼，信用活动的存款、取款、发放贷款和收回贷款，国内外汇兑往来等，都属于金融范围"。《柯林斯中阶英汉双解词典》定义"Finance"（金融）为"管理金钱、债务、贷款和投资的商业或政府活动"[45]。简单来说，正如著名经济学家默顿在《金融学》一书中提到的，金融是"一种对稀缺资源的跨期配置"[46]。战争则是早在原始社会后期就出现的一种人类现象，如公元前21世纪初期中石器时代出现的原始战争，本质上是氏族部落之间为争夺自然资源而发生的斗争冲突。发展到距今2000多年前的战国时期时，兵书《吴子》便已将斗争冲突现象归纳为"战争"一词。在人类漫长的历史中，随着社会生产力的发展，战争的目的、性质和呈现出的形态也在不断演变，"战争"二字背后的含义不断地丰富和拓展。《中国人民解放军军语》将"战争"定义为"国家或政治集团之间为了一定的政治、经济等目的，使用武装力量进行的大规模激烈交战的军事斗争，是解决国家、政治集团、阶级、民族、宗教之间矛盾冲突的最高形式"[47]。《柯林斯中阶英汉双解词典》中"War"（战争）一词是"两个国家或地区之间战斗和冲突的过程"[45]。综合上述词义来看，作为金融与战争概念的结合，金融安全博弈的含义至少应包含：敌对国家或政治集团之间在货币与银行信用领域进行的具有一定目的的斗争。显然这样的理解只是对单个词义的拼合，虽然包含了主体、条件、现象等要素，但还没有将词义融合后的衍生意思表达完全，特别是目的和手段等要素。

进一步厘清金融安全博弈概念的关键在于对维护经济安全的认识理解。经济安全的概念由来已久，古代战争中切断各种作战物资的补给就属于维护经济安全的一种方式，随着近现代战争中的维护经济安全作用不断提升，国际上对维护经济安全的内涵理解也形成了许多共识。《美国大百科全书》解释，维护经济安全是政府为达到一定目的而采取的一种经济控制手段，是反对当前敌人或潜在敌人的一种经济措施。我国《国防经济大辞典》[13]认为针对经济安全的斗争是"敌对双方为夺取战略优势或战争胜利而进行的经济斗争，主要指战争期间各种形式的经济斗争，也包括和平时期的经济封锁和经济扰乱"。《战争经济学教程》[48]认为维护经济安全是交战的国家和集团围绕经济潜力和经济实力采取的各种直接或间接地服从或服务于战争目的的措施。可以看出，尽管描述上不完全一致，但国内外对于"运用经济手段"和"为战争服务"，即手段和目的要素的概念理解具有共同点，体现了经济和安全的主要特征。

金融是现代经济的核心和重要组成部分，既是国之重器，也是国民经济的血脉。从这种包含关系来看，"经济手段"天然涵盖了"金融手段"，因此在经济安全的范畴内把"金融手段"与"为战争服务"融合在一起就能概括出金融安全博弈的手段和目的。可以说，金融安全博弈的概念在逻辑上属于经济安全的范畴，但却有着更深的内涵和更窄的外延。

二、内涵定义

尽管通过来源的追溯可以大致厘清金融安全博弈概念之中蕴含的主体、条件、现象、手段和目的等基本要素，但对于金融安全博弈的确切定义在学界内尚存在异议。国内有的学者将 20 世纪 70 年代末美国对日元的压制、1997 年亚洲金融危机和香港金融保卫战等事件纳入了金融安全博弈范围，认为金融安全博弈就是存在利益冲突的双方为了政治或经济目的而展开的极端竞争形式，充分利用金融制度以及相应工具技术，以非暴力形式掠夺敌人财富[33]。还有学者认为金融安全博弈是维护国家金融安全博弈的"软战争"，主要是通过在金融市场的合理操作来影响甚至破坏对方的金融市场，诱使对方爆发金融危机，进而破坏其经济秩序[34]。这两种理解都将金融安全博弈视作一种极端金融竞争，突出金融手段与经济目的，却并未充分表达出金融安全博弈与军事战的关系。国外方面，大卫·卡茨认为金融安全博弈是使用金钱和信用对敌人的信贷和货币基础进行攻击，通过削弱生产分配、交易或风险管理能力解除敌人的武装，是一种可用于投射国家力量的独特且独立的手段，包括实体、网络和信息打击[28]。保罗·布莱肯认为金融安全博弈是"作为军事行动的补充而出现的一种战略手段，包括冻结查封金融账户、扰乱资金流动、攻击精英阶层等精确打击手段，与信息战和网络战有密切联系"[19]。他们描述的共同点在于强调了金融安全博弈与军事紧密联系，突出以攻击对方金融体系实现国家政治目的，并提到了金融安全博弈概念应当涵盖信息网络攻击等超出传统意义上金融范畴的攻击样式。

综合这些观点以及对金融安全博弈概念来源的再认识，将研究需要和现有认识结论相结合，可以把金融安全博弈定义为：一个经济体为了达到某种政治目的而采取非暴力手段攻击另一个经济体的金融体系，通过造成金融毁伤来削弱对手的战争经济支撑，从而在对抗较量中夺取战略优势的一种斗争形式。这一定义方式明确了金融安全博弈内涵的"五要素"。一是主体。金融安全博弈的主体是处于攻防两端的经济体。经济体是对一个区域内经济组成成分的统称，从经济体制上来说具有一定的独立性和整体性，这也就意味着在金融体制上也相对独立和完整。经济体既包括主权国家，又涵盖了体制相对独立的地区以及区域国家群体（如欧盟）。二是条件。金融安全博弈的条件是攻防双方处于对抗较量的总体态势之中，这种对抗是政治层面的对抗而非单纯的经济金融领域对抗。这一内涵将金融安全博弈的产生建立在双方经济体的政治主张或决策存在冲突矛盾的基础上，认为金融安全博弈是这种政治矛盾的产物，由此而区别于纯粹由经济利益产生的金融竞争关系。三是现象。金融安全博弈表现出来的现象特征是给对方造成了金融毁伤。所谓金融毁伤就是金融体系遭受损坏伤害的总和，既包括了货币财富的"硬"损失，又包含对金融运行体制机制的"软"杀伤。金融毁伤将通过金融的"输血"功能波及至整个国民经济，从而干扰破坏对方因对抗而进行的军事准备，削弱其依赖的经济支撑能力。四是手段。金融安全博弈是以非暴力手段作用于对方的金融体系。非暴力手段就是将动用武力实施"热战"的暴力攻击形式排除在外，后者从使用的武器、战术和攻击机理上都更加贴近于军事战，而少有金融安全博弈的特征。非暴力手段不仅仅指传统金融范畴内的攻击手段，还涵盖从金融网络、市场认知等途径实施的攻击，它们能够从不同角度作用于金融体系。五是目的。金融安全博弈的目的是实现核心利益诉求，达成己方在对抗中的根本政治目的，如捍卫领土主权、改变对方的态度立场等。为了实现这一目的，金融安全博弈能够通过削弱对方的战争经济支撑来帮助己方占据对抗中的优势地位，既可以让对方迫于军事准备上的弱势而主动选择政治让步，又能够在军事斗争不可避免时将这种地位优势转化为军事实力优势，通过战争获胜来强迫对方让步。

三、外延边界

金融安全博弈的内涵定义反映了思维对象的特有属性，即"五要素"，而外延边界则帮助确定金融安全博弈概念的适用范围，明确哪些情形属于金融安全博弈的研究范畴而哪些情形需要排除在外。通过上述"五要素"的阐述，金融安全博弈概念范围已经基本形成，但仍需进一步明晰三个边界。一是与经济安全的边界。经济安全概念的外延明显大于金融安全博弈，其表现为双方在整个经济领域内的斗争，从范围上涵盖了贸易、金融、财政、投资等分支领域的斗争，由此得出金融安全博弈是经济安全的一个组成部分。金融安全博弈与经济安全的区别就在于金融安全博弈必定是围绕着金融体系的斗争，表现为攻击对象应当是金融体系内的组成要素、攻击机理应当与金融的运行机理相关、毁伤效果应当体现出对金融体系的直接影响。凡是不具备这些条件的经济安全现象就超出了金融安全博弈的外延，例如提高商品关税会引起相关企业的债务问题以及金融连锁反应，但不应属于金融安全博弈的范畴。二是与军事战的边界。从上述定义来看，金融安全博弈应当表现为非暴力手段，比较容易与传统军事战争表现出的暴力性区别开来，如动用杀伤性武器对金融设施进行物理摧毁应归类于军事战而非金融安全博弈，因为在该过程中除了最终结果影响到金融体系，博弈力量、武器、机理等各方面都超出了金融安全博弈的内涵范畴。随着现代战争发展，以电子战、网络战为代表的非暴力作战也融入了军事战范畴，十分有必要进一步从攻击目标上与金融安全博弈作出区分：金融安全博弈概念下的网络攻击必然是以对方的金融系统网络为目标，而军事战概念下的网络空间战则主要以对方的军事指挥网络为目标，二者之间存在着"民"和"军"的明显差异。三是与金融竞争的边界。金融安全博弈与金融竞争的相似点在于都包括了通过金融操作攻击对方货币汇率、资产价格等手段，但二者也在主体、条件和目的上存在着根本区别。金融竞争是在和平背景下依照一定的国际金融规则进行的，其主体一般是非官方的金融机构或企业，主要目的是最大化地获取经济利益；而金融安全博弈则是在利益冲突背景下的政治行为，由官方或代表其利益的部门为实现一定政治目的而发动，根据对抗程度的不同甚至可以突破国际金融规则的约束。可见，金融竞争是民间的、逐利的、相对守序的，而金融安全博弈则是官方的、带有政治性的、相对无序的。

金融安全博弈与经济安全、军事战和金融竞争在内涵要素上都有重叠或相似的部分，但又都在其他一些要素上存在显著的差异，这些不同点就构成了金融安全博弈有别于其他概念的外延边界。外延与内涵共同组成了金融安全博弈的完整概念，为进一步的理论分析打下最根本的基础。

第二节　金融安全博弈的总体定位

国家（经济体）在利益冲突的对抗条件下能够采取和表现在外的斗争形式有很多，如政治外交战、军事战、舆论宣传战和金融安全博弈等等，并且随着双方对抗强度的变化，不同的斗争形式之间还可以相互配合、相互替代，共同实现核心利益诉求。可见，金融安全博弈是在国家（经济体）政治决策的层面上决定的一项斗争策略。为了维护政治上的核心利益，必须要从国家（经济体）的战略高度对当前对抗形势和预期利益作出判断结论。这意味着作为战略需要与形势要求的产物，金融安全博弈对于一个国家（经济体）来讲绝不仅仅是金融和经济领域内部的斗争，更需要站在政治层面和战略全局的高度来审视金融安全博弈的总体定位，明确金融安全博弈在解决对外矛盾冲突中的重要价值和意义。

总体来看，金融安全博弈的定位应当是一种国家力量投射工具。见字明义，国家力量投射是指能够将国家的软实力和硬实力作为一种威胁与压制力量"投送发射"到远处，表示一个国家可以在远离本土的地方表现出武力威胁或其他类型威胁，这种能力是国家权力的一种特殊表现。[①] 在过去几十年中，美国在世界范围内拥有军事、技术和资源等方面的压倒性优势，这种优势使这个超级大国能够在全球范围内进行力量投射，扮演其"世界警察"的角色。国家力量投射的实现主要依靠传统军事力量的扩张，但随着世界冲突对抗形式的变化，战争的外延不断拓展，战争的内涵更加多元，实现力量投射的工具也更加丰富。

美、俄等军事大国对于混合战的研究正迅速发展，未来的战争不仅更加信息化和智能化，而且作战的界限更加模糊、对抗的领域更加交叠、威胁的种类也更加复杂。从这一趋势上看，未来的战争准备不能仅仅是军事斗争方面，更要求在全领域、全要素展开较量。特别是在和平与发展的时代主题下，政治、经济、文化等非传

---

① 这一观点由美国金融安全博弈略研究专家、特种作战司令部高级分析师 David J. Katz 于 2013 年在美国陆军战争学院发表的《发动金融战争》（*Waging Financial War*）一文首次提出，并在其 2014 年、2017 年的后续相关研究中有所完善。

统领域对抗的重要性凸显，其中金融安全博弈就是与心理战、舆论战、贸易战类似的非暴力性威慑和斗争形式，超出了传统作战范畴，为国家高层决策者提供了除军事力量以外给敌人制造威胁和伤害的能力。另外，金融行业的信息化、数字化、智能化也在快速发展，金融危机和冲击效应的国际传播速度空前，使得金融攻击能够更容易超越地理空间的限制而打击金融体系。一方面金融安全博弈的威胁制造能力与其特有的跨战场、跨区域的攻击传导途径相结合，使其可以更便捷地将力量投射到其他国家和经济体；另一方面作为斗争形式的一种创新，金融安全博弈不仅创新了手段与战法，更提升了力量投射的效益优势。例如，通过金融制裁、网络攻击等具体攻击样式，能够像使用昂贵的精确制导武器一样精准打击到对方的金融机构和企业、关键精英人物和基础金融网络，以付出较少的政治和经济代价，收获更加显著的效果。

第三节　金融安全博弈的功能作用

金融安全博弈的功能是指运用这种斗争形式在实现利益诉求方面所能发挥的有利作用和效果，是体现满足需求能力的一种属性。金融安全博弈的主要功能根据满足需求的标准由低到高可以分为三个层次：一是基础功能，是金融安全博弈能为发起一方提供的基本效用和收益，用以满足发起方在对抗中的原始需求；二是核心功能，是在基础功能之上能够以更高标准实现需求的能力特性，用以满足发起方在对抗中的真实需求；三是扩展功能，是金融安全博弈在复杂对抗条件下能够借助其他力量发挥出来的能力作用，用以满足发起方在对抗中的引致需求。

一、基础功能：以金融毁伤削弱战争经济支撑

基础功能满足原始需求。所谓原始需求，是一种新的斗争形式诞生的最根本动力和最基本需求。具体地讲，在一场对抗较量中，一方运用某种斗争形式的原始需求就是要通过攻防交锋来削弱甚至摧毁对方的战斗力，通过军事上的胜利来保障己方的核心利益。众所周知，战争是最直接且最彻底的斗争形式，也通常是解决对抗双方利益分歧的最后手段，因此战争准备是必不可少的应对措施，既是应对态势升级的准备，也是展示决心意志的行动，双方都希望以军事优势来获得全局的主动权。在这期间，如果一方能够利用其他斗争形式来削弱对手的战争实力，为军事手段实施提供有力辅助和支持，则有助于塑造军事优势在战场上夺取胜利，通过这种直接而彻底的斗争形式实现最终目的。从发起者角度来看，金融安全博弈能够实现以造成金融毁伤来削弱对方的战争经济支撑的功能。现代战争是国与国之间全域全要素力量的抗衡，其中经济涉及军工生产、物资消耗、战费筹措等重要的军事作战环节，对于战争准备甚至战争的最终胜负都具有决定性的影响。因此，经济是战争背后的主要支撑力量，这意味着一旦爆发战争，谁拥有着相对更强的经济支撑力，谁就握有更稳固可靠的战争基础，就更容易积累更强的战争实力取得胜利。从金融与经济的关系来看，脱胎于经济安全的金融安全博弈无疑是削弱对方战争经济支撑、塑造相对军事优势的重要斗争形式。一方面，金融安全博弈的各种攻击手段样式能够干扰、打击、破坏对方的金融体系及其运转，削弱其战争的财力支撑，从"损敌"角度塑造相对军事优势；另一方面，金融安全博弈的许多攻击手段能够实现对对方金融资本的赚取和掠夺，将所得资本收益进一步转化为己方的军事实力和战争能力，从"利己"角度

来塑造相对军事优势。因此，金融安全博弈的基本功能是作为军事斗争的辅助和支持手段，通过给对方造成金融毁伤来削弱其战争经济支撑，从而取得斗争胜利。

二、核心功能：以威慑力量"不战而屈人之兵"

核心功能满足真实需求。所谓真实需求，是对"用户"真实想法的挖掘，而金融安全博弈的"用户"就是运用和发起一方。比较形象地说，如果将能被轻易观察到和满足的需求比作露出水面的冰山一角，那么真实需求则是处于水面之下的巨大底座，虽不易于发现但更为关键，一旦受力足以撼动整个冰山。在现实中，发起方的真实需求应当基于对其根本目的和斗争本质的分析来感知得到，如果一种斗争形式能够满足这种深层次的需求，必然有其无可替代的特性所在。从上文可知，削弱对方战争经济基础、赢得战争的胜利是显而易见的原始需求，许多斗争手段都可以满足这一点，如特种作战、远程精确打击等。然而"战争的胜利"并不是真实需求，"胜利"才是。也就是说对于发起方来说，结果的满足是最主要的，过程和手段是次要的，更进一步就是希望以最小的代价来得到满意的结果。因此，既定的"胜利"结果下的成本最小化是发起者的一个真实需求，而金融安全博弈的核心功能就在于通过威慑力量来达到"不战而屈人之兵"的结果，从而避免军事斗争的巨大成本。显然，军事斗争是以消耗巨大的人力财力物力为必要条件的，即便是对发起方、战胜方来说，仍然需要为战争结果付出高昂成本和代价。尤其是随着科技的发展，高技术现代战争中的武器装备更具毁灭性杀伤性，带来的经济损失难以估量，而动辄上千万美元的导弹造价也构成了战争的沉重负担。因此，冲突对抗中，双方虽表面都做着军事斗争准备，但也都在积极寻求其他斗争形式击败敌人，力求避免战争的发生。金融安全博弈在这种内在的需求动力下脱颖而出：一方面，金融安全博弈的手段具有强大的"软"杀伤能力，能够打击和扰乱对方金融体系运行，引发货币贬值、资本崩盘甚至金融危机等社会问题，沉重打击和削弱对方政府和民众的对抗意志；另一方面，金融安全博弈对人力、物力的依赖远小于战争，减少了战争破坏和人道主义成本，特别是一些金融手段甚至能从对方处掠夺经济利益，进一步降低和弥补了成本。可见，金融安全博弈的核心功能能够作为军事斗争的前置手段，通过威慑对方"不战而屈人之兵"，以更小的代价获得胜利。

三、扩展功能：以跨域多域攻击融入混合战争行动

扩展功能满足引致需求。引致需求又称为派生需求，是由英国"剑桥学派"经济学家阿弗里德·马歇尔[52]提出的经济概念，本义是指因对产品的需求而派生出来的对生产过程中某种要素的需求。其内在含义是一种要素本身并不能直接满足"用户"的需求，但作为产品生产过程中必不可少的组成部分，能够间接地满足"用户"对产品的需求。现实中，从美、俄等大国对未来战争形态的研究判断来看，未来世界范围内的对抗冲突将主要表现为混合战争。面对混合战中的多元复杂威胁，双方的对抗领域呈现多域、跨域的特征，更加强调政治、军事、经济、科技等各个领域攻击手段的协同与融合，多域协同、跨域攻击可能成为主要表现形式。在此条件下，冲突发起方的需求和目的在于赢得混合战争的胜利，其引致需求则是在混合战争内含的各个领域内都夺得对抗优势，其中就包括金融领域。因此，除了单独运用时的基础功能、核心功能以外，金融安全博弈的扩展功能就在于构成混合战争行动的一部分，依靠与其他领域手段的多域协同和跨域打击来击败对方、获得胜利。一方面金融作为现代经济的核心，与军工生产、宣传舆论、贸易投资等

领域有着密切的联系，金融安全博弈的一些攻击手段能够直接或间接地对这些领域形成跨域打击，并且单纯金融领域内的损失也会使负面影响扩散至相关领域。另一方面，金融与信息网络、社会认知等相关领域的联系也为多域协同攻击实现金融安全博弈目的提供了实践基础，通过不同侧重领域的金融攻击手段之间目标、时机、次序、力量等方面的协同配合，能够获得非线性增长的效果。因此，金融安全博弈的扩展功能是凭借其跨域、多域的攻击效果和协同能力，发挥出更大的能力和作用来赢得混合战争的胜利。

第四节　金融安全博弈的主要特点

金融安全博弈有着重要的战略定位与显著的功能作用，能够满足发起方在对抗冲突中不同层次的需求，对军事作战形成了辅助、支持甚至是替代关系，这也让金融安全博弈成为一种独立、高效且实用的斗争选项。一场对抗冲突中往往存在着多种选项，发起方究竟应该直接发动军事战还是首先考虑金融安全博弈，关键就在于金融安全博弈是否具有符合对抗环境而又难以替代的特点优势。这些特点将为金融安全博弈的选项打上若干"标签"，作为核心决策因素来确定是否应当发起金融安全博弈。从金融本身的特性和与其他斗争形式的区别来看，金融安全博弈主要表现出"三超"，即超毁伤性、超灵活性和超隐蔽性。这三个方面的突出特点能让金融安全博弈在众多手段中脱颖而出，成为特定对抗场景下独具优势与特色的斗争形式。

一、超毁伤性

所谓超毁伤性，就是指金融安全博弈对对方造成的实际毁伤程度超出了表面上的水平，在同等投入条件下，毁伤效果不仅比其他斗争形式更强，而且影响还更为深远与彻底。与其他形式相比，金融安全博弈的"超"毁伤可以从三个维度体现。

一是"超时间"。与一场要素齐全的军事行动相比，金融安全博弈的攻击过程可能很短暂，但给金融体系制造毁伤的全程却有漫长的时间跨度，使得对方的累计总损失大、恢复慢。以亚洲金融危机为例，从 1997 年 2 月对泰国的货币冲击开始，国际资本席卷了东南亚主要国家，1 年时间里东南亚地区的实际 GDP 总量骤降了7.4%，其中受影响最严重的印尼经济倒退到了 1995 年水平，泰国、马来西亚和印尼甚至在危机后的 10 年间经济增长都没有恢复到之前水平[50]。这一场资本巨鳄发动的金融冲击实际操作过程仅短短数月，但却使得多国数年内都无法复原，足以体现金融安全博弈的"超时间"毁伤能力。

二是"超领域"。从定义上看，金融安全博弈直接攻击对象是对方的金融体系，造成毁伤的直接后果应当最直接地体现在金融领域中。但由于金融本身的特殊性及其在现代经济中的资源配置核心作用，金融领域毁伤的影响将通过资源的配置过程向社会各个领域发生扩散，使得金融安全博弈的实际毁伤范围大大超出了金融一域。如金融攻击导致货币信用的崩塌将使得整个社会经济活动出现混乱，特别是金融安全博弈对上层政治的影响甚至比军事战更为有效。亚洲金融危机期间，大量机构倒闭、企业破产、通胀加剧、失业上升，这些后果引发了有关国家激烈的社会动荡和政权更迭。时任泰国总理的差瓦利辞职，执掌印尼 32 年的苏哈托政权下台，日本首相桥本龙太郎辞职，俄罗斯 1 年之内连换 6 任总理[51]。可见，金融安全博弈间接造成了多个政权的更替，影响超出了一域、一国的范围，使整个地区的经济增长环境都发生了改变。

三是"超深度"。单单就对对方的经济影响来看，金融安全博弈对于整个经济的毁伤深度也要远超其他的经济安全形式。从政治经济学可知经济活动可以分为四个主要环节，始于生产，经过交换和分配而终于消费，构成了一个相互联系、相互制约的循环过程。而生产环节在其中起到决定作用，没有生产出来商品也就没有了后续围绕商品的经济活动。传统的经济安全手段如贸易封锁、禁运等针对的环节是商品和服务的交换与分配过程，通过破坏交换和分配平衡形成反作用来制约生产。而金融安全博弈针对的经济环节则是通过瓦解金融资本来破坏生产过程，能够从根源上削减经济的产出水平，从经济后果的颠覆性和根本性来讲，金融安全博弈要更胜一筹。

二、超灵活性

所谓超灵活性，就是指金融安全博弈对对方造成金融毁伤的整个过程可以依靠相应的指挥控制来实现超出一般的灵活变化，与其他斗争形式相比响应速度更快、更敏捷，能够根据形势变化做到快速调整、随机应变。金融安全博弈的超灵活性主要体现在对于目标和手段要素调整的灵活性上。

一是目标灵活。此处的目标是指攻击的标的、对象，金融安全博弈的目标涉及范围非常广阔，通常可以划分为宏观和微观两个层次，宏观目标可以大到整个经济体、整个市场、整个行业；微观目标可以小到一所机构、一家企业甚至一笔交易。在差距悬殊各类作战目标里，金融安全博弈能够实现灵活性的根本原因是其能对目标实施精准的打击，就像一把手术刀，"下刀准、创口小、收刀快"，直击目标要害。兰德公司就曾将金融制裁类比于精确制导武器，直指其能够锁定的俄罗斯"大佬"、朝鲜将军和伊朗军火商，凭借情报能力实现金融力量的精确定位和敏捷响应。

二是手段灵活。金融安全博弈的具体攻击样式和手段也充满灵活性，能屈能伸、可软可硬。从轻度金融制裁到切断金融联系，从对冲交易到大量沽空，金融安全博弈可制订出由弱到强、由软到硬的复合攻击策略，给对方示以惩戒路线和缓和空间，对其提供妥协选项。反观军事战，一旦发生交火则将伴随着财产损失和人员伤亡，开弓难有回头箭，作战行动对形势的反应存在滞后性，并且极大地压缩了双方的妥协空间。即使在经济安全的讨论范围内，金融安全博弈的灵活性也非常突出。贸易战通常就表现为一组明确的、不可变通的政策措施，比如禁运是明确、宣示性的政策，因为不完全的禁止就不能称之为禁运，会令其可信度大大降低。如此一来禁运的政策弹性和调整余地很小，要么禁、要么放，不够灵活自如。然而金融安全博弈包含许多"精确累进"的攻击手段，既可以针对单一交易也可以针对整个工业基础，能够根据需要快速调整和灵活变通。

三、超隐蔽性

所谓超隐蔽性，就是指金融安全博弈从筹备阶段到实施攻击的整个过程都是在暗处实施，除了需要向对方宣告的金融制裁，其他金融攻击手段都很难被对方发现、掌握和作出反应，具有超出一般作战的隐蔽性。

一是时机隐蔽。金融安全博弈的发动与军事战相比，不需要调动和部署大量部队和武器装备，也不需要调整地区的防御力量，更不需要明显的国防动员。因此对方情报机构很难发现金融安全博弈发动的时机，甚至于已经受到金融攻击却仍不知道发起方已经采取了行动。时机隐蔽为金融安全博弈的发起方提供了作战的先机优势。

二是行动隐蔽。金融攻击需要依赖对方金融体系的运行机制来传导力量，而金融体系本身具有复杂性，充满了突变与涌现现象，使这股攻击力量穿插在其中难以被分辨和追溯。例如在确切的证据被发现之前，谁也无法判断一家金融机构的债务性破产是因为自身经营问题还是因为来自外部资本的蓄意攻击。一个正常的金融体系内部会包含着许多风险，其中不乏能够影响整个体系的系统性风险，这在一定程度上掩盖了金融攻击的来龙去脉。来源隐蔽为金融安全博弈的发起方提供了安全优势，不利于对方进行情报收集或策划反击。

三是目标隐蔽。金融安全博弈是通过造成金融毁伤来破坏对方的经济基础，在实施过程中通过人为控制和自然演化能够实现伴攻效果，让对方难以判断此次攻击的真正目标。如运用投机做空的手段来打击资本市场，通过对几只标的股票的持续做空来引导市场跟风行动，演化为市场整体的下挫，而做空的真正目标便被埋藏其中。这些目标的背后就是金融安全博弈的真实目的，也是发起方的核心利益诉求，隐藏了目标就等于隐藏了对抗的真实企图。目标隐蔽为金融安全博弈的发起方提供了作战的信息优势。

第五节　金融安全博弈的历史演进

从历史角度看，金融与战争自从伴随着人类社会发展而产生之日起，就存在一种特殊的相互作用关系，金融安全博弈就在这种历史关系的变迁中诞生和发展，逐渐成为一种在利益冲突和国家对抗中具有特殊功能、扮演特殊角色的斗争形式，其概念内涵也逐渐明确和清晰。人类历史上关于金融安全博弈已有丰富的实践运用经验，金融安全博弈的目标、样式和侧重点都随着金融业的发展和战争形式变化而不断演化，呈现出特有的规律趋势。因此，可以从战争与金融关系的发展入手，从理论逻辑和实践路径两条主线分析金融安全博弈演进的特征，总结金融安全博弈发展演进的规律，帮助读者更准确地把握金融安全博弈的历史、现状以及发展趋势。

一、战争与金融的关系演变

金融产生于社会发展过程中对于资源流动分配的需求，而战争则产生于社会的群体之间对于资源争夺的需求。从全人类的角度看，对资源的争夺也可以看作一种强制的分配。因此，围绕着人类发展必需的资源，金融与战争是两种最基本的分配手段，两者之间必然存在着某种相互联系。总的来看，金融与战争关系的历史发展是从相互支撑、相互促进到此消彼长的漫长过程，也是一段战争逐渐隐去幕后而金融不断走向前台的历史。

1. 战争带动国家信用的产生

信用是一种最重要的金融资产以及金融的本质所在。根据经济学家熊彼特的"信用创造论"观点可知，银行通过信用来创造存款，是信用创造了财富和资本[52]。在金融信用体系中，国家信用是国家（政府）具有的信用，也是国家所有的一种资本，主要表现为政府向国外发行的主权债务以及向国内发行的国债。从历史的角度来看，战争对国家信用的产生和发展起到了关键作用。一方面，战争的需求催生了国家信用。20世纪初，德国经济学家维尔纳·桑巴特在《战争与资本主义》一书中认为，没有战争就没有资本主义，战争主要从积聚财产、塑造观念和创造市场三个方面大力推动了资本主义的经济发展，而其中机理就在于战争的需求对资本运动的引导和调节作用。早期资本主义的战争发生得非常频繁，1337年至

1453 年间，英、法进行了长达百年的战争，在整个 14 世纪和 15 世纪的 200 年历史中，欧洲有 154 年处于战乱状态。在漫长的战争时期，各国战争经费的消耗巨大，国家信用就是在这种资本主义战争的需求下应运而生的。例如，英国在 16 世纪末与西班牙的战争中花费 150 万英镑；在 17 世纪中叶的战争中费用上升到了 900 万英镑；在 17 世纪末对法国的战争花费了近 1900 万英镑。面对如此巨额的花费，单靠私人信用和传统税收方法已经无力承担，于是英国以国家名义发行了战争公债，也象征着国家信用的诞生。1693 年，英格兰银行成立，其核心任务就是帮助政府发行国债。此后国家信用一直是英国支撑战争活动的主要手段，到 19 世纪初英国国债余额甚至超过了当时 GDP 的 2.5 倍[53]。因此，国家信用既是债务也是资本，更是财富之源，它成了资本主义政府在短时间内筹措巨额战争经费的首选和最佳手段。另一方面，战争还会进一步推动国家信用的扩张。国家信用之所以能够持续创造资本，是因为社会对其偿还能力的信任，而这种信任来自国家拥有的特殊"抵押物"——稳定的国内税收以及预期在对外战争中可获得的战利品和资源。这种预期的收益吸收了大量社会资本用于战争，而战争的胜利又进一步实现了国家信用的扩张。在英国，国债就是一种迅速增长的金融投资。威廉三世时期，英国国债利率普遍在 20% 以上，战争的收益维持着这些债务不断积累扩大，在 60 年间整个国债规模攀升至 8000 万英镑。战争实力决定着战争的结果，从而左右着国债收益。因此它才是整个国家信用的真正"抵押物"，战争实力能够覆盖的范围就是国家信用扩张的边界。

2. 战争推动国际金融的发展

国际金融是货币与资本在国家之间的融资流通活动，伴随国际贸易而产生，而战争在国际金融发展的过程中起到了重要的推动作用。一是战争推动了财富金融化。财富金融化就是各种形式的财富向可以流动的金融资本转化的过程。在战争中预期夺得的土地或其他资源不便于直接交易，作为抵押物又缺乏最基本的流动性。为解决这一问题，资本在战争需求下开启了财富金融化之路，将森林、土地、矿产等实体性的资源变成了能够交易的产权、票据、证券等金融工具，通过金融市场的交易就能便捷地实现所有权和产权的转移，让实体财富能够变为金融资本流通起来，加速财富的增值速度。因此，财富金融化巧妙地实现了价值的跨时空转移，历史上英国就曾将战争中预期获得的土地进行了证券化交易，甚至发展出了期权等相关衍生品。二是战争推动了金融全球化。财富金融化也进一步加大了国家财富流失的风险，使财富的掠夺更加便利。所以资本主义殖民战争发生在哪里，财富金融化就被带到哪里，使得这种金融制度在全球范围内快速扩散。公元 16 世纪至 19 世纪，战争和财富金融化促成了大规模的跨国价值转移，战败国的土地、资源和市场都遭到了大肆掠夺，同时极大促进了经济金融的全球化发展。金融全球化也使得战争在掠夺财富的手段中逐渐隐于幕后，而金融手段开始不断走向前台，但金融手段背后的核心支撑和基础仍然是并且永远是一个国家的战争实力。

3. 战争支撑世界储备货币的变迁

世界储备货币是国际金融体系的构成基础，表示一种货币被国际普遍接受和使用程度，能够在国际贸易金融中发挥一般等价物的作用。作为世界储备货币的必要条件就是要有很强的可靠性、稳定性，并且要经过国际协议来取得世界各国的一致承认，因此世界储备货币的背后是国家实力，特别是战争军事实力。从本质上看，世界储备货币变化的背后就是军事强国的更替过程，如英镑之于法郎、美元之于英镑。一方面，英国凭借更加高效合理的战费筹措体系击败了法国，使英镑成为世界货币。英国利用政府信用和商业信用来筹集战争经费，并且通过强大的战争能力兑现债务，使战费筹措的过程形成一个良性循环，从而不断提升英国的战争军事实力。与此同时，法国并没有采用这种让战争胜利与国家信用互为支撑互相促进的制度体系，而是使用了更为直接的强迫和掠夺方式来应付日益增加的军事费用，不仅数量上难以满足战争的需要，还在殖民地和盟国中受到了强烈抵触，从而为法国的衰落埋下了隐患。战费筹措能力的差距直接反映在英法两国的战场表现中，毫无疑问英国取得了胜利。耗时7年的战争最终是英国先后接管了加拿大、新法兰西、印度等重要的原法属殖民地，夺得了北大西洋的海上霸权，并在1815年由英镑替代法郎成为世界货币。另一方面，美国借一战契机挑战英国海上地位，开启了美元替代英镑的序幕。第一次世界大战之后，英国海军力量遭到削弱，而远在大洋彼岸的美国则趁机快速发展，渐渐具备了与英国争夺海上霸权的实力。1921年，战争刚结束不久，为了在恢复扩张期间减少相互冲突，主要西方国家签订了《五国海军条约》，重新划定了各自的海上势力范围。条约规定了各签约国主力战舰的吨位总量标准，其中美国和英国同为525000吨，日本315000吨，法国和意大利各为175000吨，从纸面数据上确认了英美两国的海军力量可以处于同一水平。这也意味着英国不再是绝对的海上霸主，权力逐渐让渡给了更加兴盛的美国。因此，这项条约实际上是美元开始取代英镑的重要标志，也更加突出了军事实力是国家信用抵押物的本质。

二、金融安全博弈演进的理论逻辑

战争在金融发展的历史脉络中起到了不可忽视的推动作用，而金融也不断影响着战争形态的进化，伴随着两者关系的演变，以打击货币金融体系为标志的金融安全博弈应运而生。对其目标、原理、手段等要素进行简单分解，金融安全博弈可以说是一种根据金融学原理对金融体系中的目标发动的战争手段。显然，战争是其外在的形式，金融是其内在的核心，一切有关金融安全博弈的基本原理、影响机制、实施逻辑都需要以金融学理论为根本依据。因此，从较长的时间跨度来看，金融安全博弈的"外表"随战争形态而变化，而"内核"始终围绕着金融学理论而发展。金融学理论本质上是在经济学基础上对金融活动规律的研究总结，其内容会随实践的发展和认识的深入而发生变迁，对金融安全博弈的发展起到了牵引和支撑作用，因此成为金融安全博弈演进的理论逻辑主线。从文献中可以理出金融学理论发展的脉络，根据研究背景与重心的不同，大致可以分为早期金融学、新古典金融学、行为金融学和复杂金融理论四个阶段①，各个阶段的理论特点对于同时期金融安全博弈的发展产生了重要的影响。

1. 早期金融学：货币与信用

自数千年前古巴比伦出现了以借贷为标志的金融活动开始，金融就随经济社会的发展而不断进步。早期金融与货币借贷几乎是等价的，在很长的时间内，金融活动都围绕货币这个核心展开。到了17 世纪，"海上马车夫"荷兰孕育了股份制公司、证券交易所和现代银行，标志着金融逐步由传统的借贷迈入了现代金融的制度框架。其时，金融和海上贸易的大繁荣不仅促成了欧洲的崛起[54]，还形成了理论研究的肥沃土壤，孕育出了古典经济学的庞大体系。早

---

① 此处主要参考了吴晓求、许荣（2014）关于金融理论发展的研究成果以及布莱恩·阿瑟（2018）的复杂经济学思想。前者认为金融理论发展经历了早期金融学、现代金融学和新金融经济学三个阶段，后者将复杂性思想引入经济学研究，提出了一种以"秩序涌现"为特征的颠覆传统经济学的研究框架。

期金融学的理论雏形就来自古典经济学家对于商品价格和货币数量的研究，包括"古典政治经济学之父"威廉·配第（1695）的《货币略论》、亚当·斯密的货币思想以及李嘉图的货币数量说，他们对货币的本质、职能和规律的研究为早期金融理论的形成奠定了基础[55]。19 世纪末至 20 世纪上半叶，在经济学由古典学派向新古典学派的演进中，费雪的交易方程、马歇尔和庇古的剑桥方程、凯恩斯的流动偏好理论都构成了早期金融学的货币需求思想。在货币供给方面，菲利普斯的货币乘数论构建了信用货币创造机制的雏形[56]。直到货币学派创始人弗里德曼提出了货币需求函数论，早期金融学的理论体系已相当完善成熟。

从理论研究的重心来看，早期金融学从研究商品价格的决定——货币数量问题，逐步深化到研究资金价格的决定——利率及其经济影响问题，关注的焦点始终是基于银行体系的货币与信用关系，这也是早期金融学最主要的特征。在这段历史时期里，由于现代金融的制度体系特别是金融市场尚在发展阶段，金融安全博弈的演进也处于一个早期的阶段，并且深受早期金融学的影响，聚焦货币与信用打击：早期的金融安全博弈通常围绕着金属货币或信用货币而实施，以破坏货币职能和银行信用为主要中介目标，通过各种手段造成商品价格和银行利率的波动甚至混乱，从而达到打击对方金融体系的目的。

2. 新古典金融学：资本市场与资产定价

自 20 世纪中叶起，金融理论研究的背景环境发生了较大的变化。随着资本市场的规模扩大和规则完善，以传统借贷为核心业务的商业银行出现了衰退迹象[57]，而证券、保险、信托等基于市场的金融机构则迅速发展。在这种趋势下，金融领域渐渐出现了

"脱媒"① 现象，资金流失和业务萎缩不断削弱商业银行的地位作用，资本市场也逐渐取代银行体系成为金融活动最活跃的场所。资本市场发展使得货币的供给和需求数量难以准确估计，因为货币变得难以界定。譬如基金、债券等金融资产与货币的界限变得模糊，很多时候表现出相互替代的关系。此外，资本市场类目繁多的资产交易也让货币对经济的传导机制更加复杂，影响了货币政策的宏观调控效果。种种变化令早期金融学的货币与信用理论面临着困境。为此，经济学家们的注意力被资本市场吸引，开始研究资产定价、风险管理等相关问题，迈出了新古典金融学研究的步伐。

新古典金融学是建立在新古典经济学的基本假设和一般均衡思想基础上的一系列金融理论，主要研究资本市场在不确定环境下对金融资产进行准确定价，从而对资源和风险进行跨期最优配置的理论体系[58]。新古典金融学也被称为现代金融理论，在理性人和完美市场的假设前提下，更加注重数学分析工具的使用。现代金融先驱哈里·马科维茨最早运用"均值—方差"模型对风险、收益以及资产选择问题进行研究，成为新古典金融学的理论基石之一。关于资产定价的研究一直是新古典金融学的焦点，威廉·夏普在资产选择理论基础上推导出了资本资产定价模型，这一模型成为资产定价理论发展的重要里程碑。此外，米勒和莫迪利亚尼提出的公司资本结构与市场价值不相干定理、尤金·法玛提出的有效市场假说、罗斯的套利定价理论以及布莱克和斯克尔斯的期权定价模型都陆续完善了新古典金融学的埋论体系[59]。新古典金融学思想对金融活动起到

---

① "脱媒"在金融领域是指"金融非中介化"，即资金供给方与需求方之间跳过了银行中间人而直接进行交易，表现为大量资金从银行体系转移到资本市场。

了积极的引导作用，其中资产组合选择理论为基金、保险等行业提供了有效的投资分析方法，而金融衍生品定价理论、公司金融及契约理论则极大促进了资本市场的交易繁荣。

新古典金融学将资本市场与资产定价作为研究重心，建立在数学工具和实证分析基础上的大量理论成果也在当时的实践中得到检验。与此同时，新古典金融学对金融安全博弈的实践发展也造成了根本性的影响。首先，金融资产成为金融安全博弈的重要打击目标。在新古典金融理论和工具方法的支撑下，金融安全博弈可以选择特定的股票、债券、基金等金融资产为目标，造成资产的价格波动并以一定的传导机制作用于整个金融体系，开辟了实现金融安全博弈目的的新途径；其次，资本市场规则成为金融安全博弈的重要实施依据。在新古典金融学的框架下，经济金融活动的规则从原先的银行主导变为了资本市场主导，在缺少绝对权威的市场中，准入、交易和竞争规则组成的规则体系有着普遍约束作用，金融安全博弈也须在这些规则之下，抑或是利用规则漏洞而实施；最后，金融全球化的开启成为金融安全博弈的温床。新古典金融学理论支撑起了容量更大、边界更广的资本市场，也催生了证券、保险、信托等一批快速成长的跨国机构，金融机构和业务的跨国化开启了金融全球化时代。国际金融制度的发展和资金的跨国流动为金融安全博弈提供了更多的有利途径和契机，许多新样式、新手段初现雏形。因此，在新古典金融学的时期，随着金融安全博弈开始聚焦于现代金融体系中至关重要的资本市场和金融资产，金融安全博弈的发展正式进入了现代化、全球化的起始阶段，可以形象地称之为金融安全博弈1.0时代。

3. 行为金融学：市场异象与有限理性

20世纪70年代末，新古典金融学在解释现实问题时遇到了越来越多的困难。新古典金融学采用了以数学工具和模型分析为基础的研究方法，试图对现实金融问题进行逻辑严密的规律化、有序化分析。然而就如同新古典经济学受到的质疑一样，新古典金融学的研究建立在过于理想化的前提假设上，使其在面对市场过度反应、公司规模效应、周末效应等一些实际发生的市场异象（Market Anomalies）① 时，并不能提供有力的理论解释。行为金融学的诞生就源自对这些异象的分析。行为金融学是将行为和认知心理学理论与金融学相结合，通过引入有限理性和不完全利己主义②的假设对新古典金融学进行解构与重组，旨在对资本市场中的个体和群体行为作出解释。卡尼曼和特维斯基提出的前景理论（Prospect Theory）是行为金融学的奠基之石，他们以风险态度、心理账户和过度自信为基础改造了个体期望效用的计算方法，揭示了非理性因素在风险决策中的作用。谢弗林和斯塔曼提出了行为组合理论和行为资产定价模型，介绍了一种受心理账户影响的金字塔式资产组合方式，并在传统资本资产定价模型中引入了噪音交易者③因素，以更准确地分析资产价格的决定过程和无效市场的形成机制。在这之后，包括

---

① 市场异象是有效市场假说无法解释的一些资本市场规律性模式的统称。其中市场过度反应是指投资者面对突然的或未预期到的事件时，倾向于过度重视眼前的信息并轻视以往的信息，从而引起股价的超涨或者超跌；公司规模效应是指以股票市值为衡量标准的公司规模大小与股票收益率之间的相反关系；周末效应是指在临近周末的交易日市场会出现比较大的上涨或下跌。

② 行为金融学将个体行为的异质性纳入了金融研究范畴，并基于心理学成果提出了有限理性和个体不完全利己主义的假定，以摆脱新古典金融学中理性人假定的局限性。前者是指个体可能无法对外部事件或他人形成完全正确的信念，后者指个体在一定程度上会对他人的行为和行为结果进行评估。

③ 噪音交易者指无法得到完全真实的信息或者认识偏差，而把这种"噪音"当作信息来制定交易决策的投资者。

积累前景理论、情感理论等许多关于市场异象的研究成果共同组成了行为金融学的理论体系。不难看出，行为金融学实质上是在新古典金融学基础上的修正和补充，整个体系随着新现象、新问题的出现而不断完善，至今仍保持着强大的活力。与此同时，行为金融学还促进了金融学与其他学科的互动发展，不断涌现出了许多交叉的学科理论，如金融物理学、金融地理学等等。

市场异象背后的非理性因素一直是行为金融学研究的主线。2002 年，卡尼曼因前景理论获得了诺贝尔经济学奖，标志着非理性因素的研究成为主流金融学的广泛共识。行为金融学不断探寻着在风险与收益面前的个体和群体行为规律，帮助人们从新的角度来认识和把握资本市场规律，其有力的理论解释和更精确的资产定价方法给投资者带来了更多的利益，从而对整个市场发展起到了重要推动作用。与此同时，行为金融学对于金融安全博弈的发展也具有深远的影响。一方面，人的非理性因素成为金融安全博弈的重要影响因素。资本市场中个体和群体的非理性行为规律为金融安全博弈开辟了新的攻击途径：通过分析特定投资者群体的行为规律，影响他们的心理认知，就能够对目标资本市场实现有效的冲击，并通过市场的自我实现和自我强化①进一步放大冲击效果。另一方面，资本市场引领的金融全球化大发展为金融安全博弈提供更加便利的实施条件。行为金融学对异象的研究为金融机构和投资者提供了更有效的分析工具，资本市场的繁荣进一步促使金融全球化的步伐加快。

---

① 市场的自我实现和自我强化是非理性因素的体现，前者是指一旦市场中多数人对价格走势有了一致的预期，从而采取相应行动时，这种预期就会实现；后者是指一旦市场的某一趋势确立，就会沿着这种趋势一直发展下去，直到改变性因素的出现。

特别是自 20 世纪 70 年代 E. S. 肖和麦金农提出金融深化理论①以来，许多新兴的发展中国家也加快了金融开放的脚步。金融全球化将各国金融体系连接成一个庞大网络，使得金融安全博弈能够更加便利地实现跨国跨区域的打击，在某种意义上成为金融安全博弈的"帮凶"。在行为金融学理论时期，伴随着基于个体认知的非理性因素加入，金融安全博弈的演化发展进入了 2.0 时代。

4. 复杂金融理论：秩序涌现与颠覆性变革

21 世纪以来，金融实践与理论之间的分歧与磨合不断延续，一些新的金融现象和与之对应的理论解释也陆续出现，如研究交易成本的新制度金融学、研究有限理性的进化博弈论等等。这些新兴的金融学说都力求走出新古典金融学中过于理想化的一般均衡框架，从不同角度研究市场非理性因素的产生及其规律。尤其是在 2008 年金融危机之后，金融学家们对于市场泡沫和崩溃现象进行了普遍反思，有关新古典金融学乃至行为金融学的均衡思想基础发生了动摇，因为市场经常并且持续地处于非均衡的状态。其中，最为引人关注的是布莱恩·阿瑟在复杂性②思维框架下提出的一种新的经济研究范式——复杂经济学。复杂经济学并不是在新古典经济学或其后续学说之上的再加工，而是采用了完全不同的方法和角度来研究经济活动，将经济看成是不断自我创建、自我更新、自我计算的动态非均衡系统[60]。埃里克·拜因霍克认为复杂性科学的出现令经济学领域经历着最为深刻的变化，需要从动态的、复杂互动的、涌现

① 金融深化理论是美国经济学家 R. I. 麦金农和 E. S. 肖提出的在发展中国家推行金融自由化政策的理论。该理论认为发展中国家政府应当放弃对金融的强制干预，通过放松管制和有效抑制通货膨胀让利率和汇率回归由市场决定，使金融和经济形成相互促进的良性循环。

② 复杂性指的是混沌性的局部与整体之间的非线性形式，这种非线性关系使人们不能通过局部来认识整体，机械论、还原论也因此失效。

进化的角度来审视经济学。在阿瑟及其所在的全球知名复杂性科学研究中心——圣塔菲研究所的引领下，一个以非均衡为核心的理论流派快速壮大，开启了一场关于经济、金融学理论框架的颠覆性变革。

复杂经济学的诞生为金融学理论提供了一个新的基础和研究框架。从复杂性视角来看，金融是正反馈与负反馈①同时存在、共同作用的一个复杂系统②，是有机的、不断进化的和不可预测的，而且由于不确定性和技术变革的存在，非均衡是内生的结果。与新古典金融学追求的用数学模型将金融活动秩序化、规律化的表达不同，复杂金融理论认为所谓的秩序是个体遵循简单的规则相互作用而"涌现"③出来的结果，而涌现的秩序无法通过演绎推理的方法来获得，只能通过大规模的分布式并行计算的方法来研究。在这一思维框架下，虽然不可预知涌现的出现，但金融仍然是遵循一定的算法规则，所有内在个体都遵循着的数量庞大但总数有限的各种具体机制来运行。如果通过某种算法计算得到的结果与现实世界足够吻合，就能够解释包括均衡和非均衡在内的所有动态的金融现象。

复杂金融理论的研究重心是非均衡系统中的秩序涌现，这是金融理论从非理性向非均衡的一次重要飞跃，也是思维和方法的一次

---

① 正反馈与负反馈的同时存在是复杂系统的定义特征，正反馈是指一项扰动会因产生积极的结果而不断地自我强化，使整个系统偏离均衡；负反馈则正好相反，扰动会因消极结果而不断受到抑制，使系统收敛到均衡状态。详见布莱恩·阿瑟的《复杂经济学》一书。

② 复杂系统是由大量组分组成的网络，不存在中央控制，通过简单运作规则产生出复杂的集体行为和复杂的信息处理，并通过学习和进化产生适应性。

③ 涌现是指系统中的个体遵循简单的规则，通过局部的相互作用构成一个整体的时候，一些新的属性或规律就会突然在系统的层面诞生。

彻底革新。复杂金融理论与复杂经济学一起成为当前经济研究变革的主流方向，对于金融安全博弈也势必将带来颠覆性的影响。首先，复杂性思维为金融安全博弈开辟了新的维度。金融安全博弈在前期发展过程中经历了货币和信用、资本市场、认知心理等攻击角度上的拓展，但始终没有脱离传统的金融范畴。而复杂金融理论将金融看作一个复杂系统，所有个体和组分都遵循着简单规则并不断相互作用，该系统不仅反映了纯粹的经济金融关系，也反映了网络和社会层面的个体互动。可以肯定地说，在复杂性思维的影响下，金融安全博弈也必然朝着多维度、多领域发展。其次，秩序涌现为金融安全博弈确立了新的逻辑基础。以往金融安全博弈是建立在一般均衡思想的基础上，遵循机械论、还原论、决定论的原理，其过于理想化的逻辑基础与现实难以相符，从而忽略了许多复杂性的特征。而对秩序涌现过程的分析，将使金融安全博弈更加注重对于金融系统整体的特征及规律，如系统的脆弱性、鲁棒性（Robustness）对于确定金融安全博弈的目标有重要意义。最后，分布式并行计算的方法为金融安全博弈更新了设计工具。以往金融安全博弈在设计、预测、评估等方面用的是基于一般均衡思想的数学方法，即通过对均衡状态、条件的分析建立数学模型，再通过模型研究金融攻击效果。而复杂金融理论则为金融安全博弈的设计提供了一种新的工具——计算实验，即在一种基本数学模型的基础上，利用计算机不断改变其中的各个参数进行计算，就像实验一样获得大量结果资料，进而逐步修正模型使之更贴近实际。复杂性思维虽可追溯到20世纪70年代，但复杂经济学和复杂金融理论却在最近几年迅速地发展起来。现在，金融学和金融安全博弈正处在重要的理论过渡时期，但前方的轮廓已日渐清晰，可以预见随着复杂金融理论体系的完善与成熟，金融安全博弈也即将随之跨入3.0时代。

三、金融安全博弈演进的实践路径

从早期金融学到复杂金融理论，金融学理论发展的路径特点对同时期金融安全博弈的发展产生了重要影响，遵循着这种理论的逻辑，金融安全博弈的实践路径也呈现出清晰的阶段性特征。在人类历史上无数次的战争与对抗中，曾发生过不计其数的金融安全博弈的实践案例，并且随着时代的更替，金融安全博弈的形态也不断演进。按照上文提出的以金融学科支撑理论的演化为基本划分依据，金融安全博弈的历史演进过程主要可以分为四个阶段，即 20 世纪 50 年代以前的早期金融安全博弈、20 世纪 50 年代至 70 年代的金融安全博弈 1.0、20 世纪 80 年代至今的金融安全博弈 2.0 和正在到来的金融安全博弈 3.0。从相关案例来看，金融安全博弈在各个演进阶段的斗争重心和形态都有着显著的特点和差异，特别是在一些知名历史事件中产生了具有标志性和影响力的实践案例，为研究金融安全博弈的演进路径提供了主要参考依据。

1. 早期金融安全博弈：货币的战争

20 世纪中叶以前，在金融业从古代金融发展到现代金融的漫长历程中，货币也经历了从金属货币到信用货币的长足发展，而且始终是这一时期金融活动的绝对核心。根据马克思观点，货币的基本职能是价值尺度和流通手段，派生职能是支付手段、贮藏手段和世界货币[61]。在现实背景以及早期金融理论的支撑下，早期金融安全博弈一直围绕着货币而实施，通过阻碍和破坏对方货币的职能发挥来达到目的。历史上频频出现的货币的掠夺、流通的限制、伪币的投放等等手段，无一不是针对这些职能的削弱和破坏。例如，1806 年拿破仑对英国开始实行大陆封锁体系，意图切断英国与欧洲大陆之间的经济联系。在严密的贸易封锁下，法国还针对英镑采取了措施，通过主动向英国输出粮食来换取英镑，在当时的金银本位制下造成了英国国内的货币量减少、物价上升，试图榨干英国的黄金储备。大陆封锁体系的最终破产，也与英镑在欧洲的持续流通与信贷稳定有莫大的关系[62]。与之相比，1842 年英国对清政府通过《南京条约》索赔 2100 万的洋银圆，是一种更加直接的货币掠夺行为。此后，无论是 20 世纪 30 年代大萧条时期西方各国的货币贬值战，还是第二次世界大战期间德国与英国的"伯恩哈德票"① 伪钞战，都充分体现了这一时期金融安全博弈针对货币实施的主要特点。因此，早期金融安全博弈可以说就是关于货币的战争，大量的历史实践中不乏一些有代表性的案例，其中就包括抗日战争期间围绕货币流通进行的一系列争夺战[63]。

案例：抗日根据地的货币斗争

抗日战争期间，日本采取"以战养战"政策极力在我国沦陷地区搜刮金银财富和战争物资，并利用日伪政府对我抗日根据地实行了严酷的经济封锁，对当地孱弱的货币金融体系造成了巨大破坏。日伪政府先后建立了 4 家伪政府银行，主要用于在沦陷区发行流通纸币。在东北，伪满洲国的银行发行的货币迅速进入东北经济流通领域，并以最快的速度占领并稳固了当地流通市场。在华中与华南等地区，日本运用了多种强硬手段对货币市场进行渗透和控制。例如，利用伪币、汇票对商品物资进行强买强卖，强制伪币进入当地

---

① "伯恩哈德钞票"是指 1939 年起由德国发起的代号为"伯恩哈德"的伪造英镑行动中印制的四种面额纸币，由 100 多名成员组成的"伯恩哈德小队"制造了模板和纸张，甚至破解了英格兰银行的货币编码。伯恩哈德钞票足以以假乱真，曾被广泛用于资助间谍活动。到了 1945 年，市面上流通的英镑纸币有接近 1/3 是伪造的，引发了信用危机。

流通市场；操纵伪币与原有币种的兑换比率，刻意压低原有币种的兑换价值；运用暴力手段限制其他币种的自由流通，在某些根据地内对于携带其他币种超过5元的一律处决；抛出大量假钞来削弱根据地的货币信用，扰乱金融秩序、掠夺战略物资，等等。

在疯狂的货币入侵下，各抗日根据地也采取反制措施与日伪政府进行了没有硝烟的货币斗争。例如，1938年晋察冀边区银行发行的边币、山东北海银行发行的北海币、1939年晋察鲁豫边区冀南银行发行的冀南币、1940年晋绥边区西北农民银行发行的西北农民银行钞票以及1941年陕甘宁边区银行发行的边币等，都在抵抗货币入侵的过程发挥了重要作用。其中，以山东抗日根据地北海银行和北海币的产生发展最具有代表性。日伪政府的封锁使得山东抗日根据地的经济运转困难，必须要突破货币限制、建立自主的货币流通市场才能稳住物价，保证各类商品物资的流通周转。因此，山东抗日根据地以"四步走"完成了北海币的突出重围。

第一步是建立本币市场。1938年玉皇顶抗日武装起义后，山东人民抗日救国军第三军发起了筹建银行的号召，在山东蓬莱、掖县、黄县三地联合招股创立了北海银行，并发行了初版的北海币。建立伊始的北海银行资本有限，北海币作为新的币种也难以左右当时的法币地位。因此在发行之初，北海币就采取了依附法币的策略，只发行了一些与法币等价流通的小币值纸币，借法币来维持货币信用，以此成为一种流通货币。第二步是调节法币的兑换。几经波折后，北海银行随着抗日根据地的扩大相继在各分区建立了支行，北海币的实力不断壮大。1942年山东根据地开始限制法币流入，并在比价上提高了北海币的币值，加速取代法币的过程，如1元北海币在刚开始发行时只相当于1元法币，到1943年底可兑换5元法币。第三步是以重要物资夯实货币基础。随着法币的逐渐退出，北海币的信用基础不再是法币，更不是黄金和外汇，而在于粮食、棉布等战争和生活的重要物资，山东根据地以手中的物资为货币基础和调节手段，保证了北海币的币值稳定，巩固了货币流通地位。第四步是驱逐法币、打击伪币。北海币的流通地位得以巩固后，也受到了来自日伪政府的反击，山东根据地和北海银行随之发起排法币和反假币斗争，1943年在域内完全停用了法币。为防止流通中的纸币被日伪政府仿制，北海币每隔半年就更改一次钞票颜色，粉碎了以大量伪币搅乱市场的图谋。

案例小结：抗日武装与日伪政府围绕着货币流通环节与市场占有率展开了激烈争夺，最终以银行和信用体系的建设为依托，山东北海银行的北海币在敌占区扛住了货币封锁和入侵渗透的压力，形成了不断扩大的自主货币流通市场，取得了货币流通争夺战的胜利。可以看出，在早期金融安全博弈的货币斗争方面，针对目标货币的多种职能，采取不同手段对策与配合十分重要，既要采取强制的措施阻止货币入侵，又要引导市场培养货币的使用习惯，更要从筑牢货币的信用基础上下足力气。从金融安全博弈的效果和深层次影响来看，发生各个抗日根据地的货币斗争在避免我国战略物资被日本掠夺、保护经济金融体系方面起到了举足轻重的作用，也为抗日战争的最终胜利夯实了重要的经济基础。

2. 金融安全博弈 1.0：全球化资本战的雏形

20 世纪 50 年代到 70 年代，世界正处于二战之后的经济复苏中，金融安全博弈的实践背景也发生了两点重要的变化。一是在新古典金融学的影响下，金融资产的定价有了更加科学的规律和方法，市场风险与收益的跨期配置效率更加优化，使得以资本市场为代表的金融市场体系得到了快速发展。二是国际贸易和金融的发展开启了经济金融全球化时代，用于协调国际金融活动和货币关系的国际金融制度更加成熟。在经历了国际金本位制度、虚金本位制度以及二战前的混乱状态之后，以 1944 年"布雷顿森林体系"的建立为标志，国际金融制度得到了暂时的稳定和统一。这两点变化使得金融安全博弈开始摆脱货币的局限性，转而利用国际金融制度和股市、汇市等金融市场规则，更多地通过跨国投融资、资本市场业务等方式来达到目的。因此，如果说早期金融安全博弈是双方货币之间的"短兵相接"，那么金融安全博弈 1.0 就开启了利用全球化金融市场来执行"远程打击"的时代。相比之下，后者的暴力性有所减弱，但技术性却大大提高了。例如，在苏伊士运河事件中，美国就对英、法等同盟国家发动了一次金融安全博弈，这一案例也被美国军事专家卡茨称为美国历史上"第一次纯粹的金融安全博弈"①。

案例：苏伊士运河事件中的金融安全博弈

第二次世界大战以后，主要西方国家为了战后重建和经济恢复，在联合国国际货币金融会议上确立了以资本、外汇和贸易等多边经济制度构成的"布雷顿森林体系"。该次会议的最大成果就是确立了以美元为中心的国际货币体系，并组建了两大国际金融机构：国际货币基金组织（IMF）和世界银行，为新的美元本位制保驾护航。美元充当了黄金的等价物，然而却规定各国货币不能直接兑换黄金，必须要先兑换成美元，再拿着美元向美国兑换回黄金。因此美元自然而然地成了国际清算支付的货币和储备货币，也使美国成为世界金融中心和绝对领导者，对国际金融机构的影响力也不可撼动。在此背景下，美国掌握了国际金融的霸权，并将金融手段

---

① 大卫·卡茨毕业于西点军校，是特种作战司令部高级分析师、美国金融安全博弈略研究专家。这一观点出自其 2013 年发表在美国陆军战争学院刊物上的文章《发动金融战争》。

作为对外政策的选项，用美元代替战争来解决国际问题。在美国与美元如此强势的时期，苏伊士运河事件爆发，美国随即对英法两国发动了国际金融安全博弈。

1956年，埃及宣布把英国和法国占领了87年的苏伊士运河控制权收回，此举遭到了英法两国的强烈不满，迅速向埃及出兵。此时的埃及并不是美国的利益所在，美国原本可以不介入此次事件，但当时的国际形势让美国不能坐视不管。1956年11月4日，苏联出兵匈牙利，而就在11月5日，北约盟国英国和法国占领了埃及的苏伊士运河。美国时任总统艾森豪威尔认为，如果在国际上反对苏联对匈牙利的军事干预，而与此同时却允许英法对埃及的军事行动是明显矛盾和不现实的。然而外交手段并没有说服英法撤军，美国在是否动用军事力量干预北约盟国问题上犹豫不决。在这种局面下，艾森豪威尔决定发动金融安全博弈达到目的，并且只实施了三次进攻就实现了政策目标：第一，阻止国际货币基金组织（IMF）按照已签订的协议向英国提供备用信贷5.61亿美元；第二，阻止美国进出口银行向英国提供商业贷款6亿美元；第三，美国联邦储备银行在国际金融市场上大举抛售英镑和法郎，造成其汇率的大幅下挫。

美国的金融安全博弈取得了立竿见影的效果。在短短的三个月时间里，法国的外汇储备由16.55亿美元下降到14.16亿美元，降幅为14.47%；而英国的外汇储备由23.28亿美元降为15.72亿美元，降幅达32.47%[67]。由此而造成的经济影响则更为深远。国际信贷封锁几乎摧毁了英国的短期偿债能力，而英国政府为了稳定英镑汇率还消耗了大量的外汇储备，被迫重新回到了负现金流的赤字状态，几近破产；而且汇率的大幅下挫也在国际上大大增加了使用英镑交易的风险，直接影响了英国的贸易状况。英、法面临着艰难选择，如果坚持其在埃及的行动，就将遭受持续的金融压力，缺少国际信贷来弥补国防开支，对外贸易恶化和财政赤字也会使国内的民众压力进一步提高。1956年12月，英法两国宣布撤出苏伊士运河地区。至此，美国用金融安全博弈代替军事作战获得了一次完胜。

案例小结：在国际政治局势的客观限制下，美国对其盟国采取了一种非暴力形式的金融安全博弈，利用美国及美元的国际金融地位对英法两国实施了国际融资的限制措施，并通过外汇市场操作消耗了对方大量的美元外汇储备，给两国造成了巨大的经济和政治压力，最终实现了此番金融安全博弈的预期目的。自从美元成为国际货币体系中心，获得了与黄金同等地位之后，美国便在金融安全博弈这一领域占得了冠绝全球的优势地位。在这一时期，美国有着黄金兑换的最终义务，也因此在国际金融机构中获得了话语权优势，这种优势和霸权是其能够轻易限制对手国际融资的根本原因，也奠定了后来美国对外实施金融制裁的基础。如果说限制融资是一种"硬"措施，那么外汇市场操作则是一种"软"手段，更加依赖于金融市场规则以及其他参与者的反应，围绕着汇率波动的一系列措施也体现了一般均衡的思想。可见，此案例中美国将这些"软""硬"措施组合起来，开创了一种依托于全球化和市场的金融安全博弈新模式，为后续金融安全博弈的实践发展提供了范本。

3. 金融安全博弈2.0：资本与认知的协同战

20世纪80年代开始，随着前景理论、行为金融理论的提出以及市场异象得到解释，人的心理认知构成的非理性因素深化了大众对金融市场的理解。随着研究的深入，非理性因素对于金融市场的影响机制逐渐明确，参与金融活动的政府、企业、机构和个人都在实践中不断验证和强化着这些规律。在资本市场中，非理性因素不但可以用于解释和控制市场异象的产生，还能帮助人们预期市场的发展走势，甚至利用过度反应、羊群效应等来赚取额外的收益。股票市场中常常出现的"庄家"砸盘吸筹、收割散户等现象就是利用了散户的信息弱势和从众心理，帮助"庄家"获得了远超正常投资水平的经济利益。在这一时期，金融安全博弈也在冲击资本市场之外衍生出了"认知"的新路径，更加善于抓住大众的非理性因素，利用个体和群体行为与市场产生交互式影响，通过市场自身的力量引发动荡或崩盘。从案例上看，主要表现为金融强国对新兴经济体发动的金融安全博弈。这是因为在20世纪70年代金融深化论的影响下，许多新兴经济体主动放松了金融管制，但不完备的金融体系和过早金融开放使其更容易成为金融安全博弈的目标。例如，20世纪80年代达到鼎盛的日本，以及20世纪90年代高速增长的东南亚各国，都曾在金融攻击下遭到了经济重创。

案例1："广场协议"下的金融陷阱

二战结束后，日本开始调整经济政策促进国内经济复苏，逐步实现了预算平衡，一度保持了年均10%以上的高速发展。到了20世纪80年代，日本GDP超过1.3万亿美元，相当于美国的三分之一，对美贸易顺差超过了300亿美元。赚得大量美元的日本开始在美国大规模投资。这一时期，三菱、索尼、松下等企业巨头在美国的投资收购达到了高峰，几乎涉及了房地产、银行业、高端制造业等全部重要领域。贸易和投资胜利大大提高了日元的国际地位，1985年日元在各国外汇储备总额中的比重达到了8%。日本趁此机会利用资金优势向亚洲国家大量发放日元贷款，推行以日元结算的举措，意图将日元国际化来摆脱美元的限制。日本的贸易顺差和货币国际化的举动令美国十分不安，彼时美国经济正承受着巨大压力，贸易逆差和财政赤字都超过了千亿美元，在正常竞争上难以与之抗衡。为提振经济同时压制日本，美国开始以"广场协议"为标志设下了连环致命的金融陷阱。

第一阶段，签订"广场协议"。美国不断以日元被低估、贸易不平衡的理由要求日元上调汇率，但遭到了日本方面的否认和拒绝。在多次单独交涉无果后，1985 年 9 月，美国召集联邦德国、英国、法国和日本在纽约广场饭店举行财长会议，讨论形成了各国主要货币对美元实行有序升值的决定，即"广场协议"。日本则考虑到需要缓解对美国的贸易关系，较为顺利地认可了这一协议，也由此开启了日元对美元大幅升值的进程。1985 年 2 月至 1988 年 11 月的短短时间里，日元兑美元升值了 111%，其中却潜藏着日本没有预见到的威胁。

第二阶段，拉动国际热钱催涨日本经济泡沫。日元的大幅升值使得大量依赖出口的制造产业处境恶化，倒闭减产情况不断增多，而这些资本的退出也让金融市场上出现了大量闲置资金。借这一时机，美国大笔热钱开始流向日本，大多投向了日本的股市和房地产，诱使大笔闲置资金也争相进入，吹起了股市楼市的泡沫。股市方面，日经平均股指从 1985 年的 14000 点暴涨到 1989 年底的 38900 点；而楼市方面，1985 年到 1988 年东京核心区域的地价涨幅超过 3 倍，到了 1990 年东京都的地价已经与美国整个国家的地价相当。为了控制国际热钱的涌入，日本采取了降低银行利率的方法，但低利率又使得各类资本继续涌入资本市场，加剧了泡沫的膨胀，经济危机在热钱搅动下持续发酵。

第三阶段，利用"日经指数看跌期权"完成收割。美国击垮日本经济的撒手锏就是推出"日经指数看跌期权"。泡沫膨胀时期，美国与日本就日本的股市前景签订了对赌协议，由美国看跌，日本看涨。当时的情况使得日本信心十足，却没料到背后的危机。美国通过高盛公司将这些协议转卖给了丹麦政府，在获得了丹麦政府背书后于 1990 年 2 月在美国股票交易所挂牌上市，这就是"日经指数看跌期权"。这一期权吸引了全世界的逐利资本都来打压日本股市，因此一经上市便开启了日经指数的狂跌之路，看跌的巨额利润又持续吸引了更多的资本。在国际资本洪流的冲击下，日本的股市崩盘暴跌了 70%，股市和楼市的直接损失超过 6 万亿美元，因此造成的银行业危机令日本只能将以往购买的资产廉价售出，经济从此一蹶不振长达 10 年之久，被坊间称为"失去的 10 年"。美国通过这一系列精心设计的陷阱，不仅挽回了贸易劣势，还彻底断绝了日元的国际化之路，让日本自此之后都难以对美国的国际经济地位构成威胁。

案例小结：美国通过"广场协议"顺利使得日元升值，在降低日本贸易竞争力的同时也催涨了其国内的资产泡沫，吸引大量国际资本投入了日本的资本和房地产市场，再利用精心设计的金融衍生品将日本经济彻底击垮，使其失去了与美国抗衡的能力。抽象来看，美国此次金融安全博弈采取的手段可以归结为三条。一是用外交手段让日本放宽汇率，提升日元资产吸引力；二是运用资本冲击吸引第三方，共同鼓吹日本的经济泡沫；三是利用市场的非理性跟风行为，破坏资本市场的正常价格体系。从中可以看出，除投入大量资本，美国在鼓吹泡沫和引发崩盘两个时间点都利用了大众的认知，通过大额交易引诱市场上的投机者，再用看跌期权收割引起市场恐慌，引发了资本市场的过度反应直至崩盘。因此，美国利用资本与认知的"协同作战"实践了一种新的金融安全博弈模式，有效达成了遏制日本经济发展势头，维护自身国际金融地位的目的。

案例 2：亚洲金融危机中的货币狙击

20 世纪 90 年代，泰国经济正处于高速增长期，但与此同时也存在着对外依赖性强、贸易逆差过大等结构性经济隐患。一方面，泰国开放了资本账户后，外资大量融入了股市和楼市，加剧了经济泡沫，同时泰国企业也开始大量对外借债，以至于债务的长短期限结构出现错配，短期债务风险愈发集中；另一方面，由于泰铢实施了盯住美元的汇率制度，1996 年美元的升值也同时带动了泰铢升值，对出口行业造成了沉重打击。多重负面因素的影响下，泰国的经济更加脆弱，给了国际投机者以可乘之机。在 1997 年初的亚洲金融危机中，泰国成为以美国投机家索罗斯的量子基金为代表的国际投机资本的首要目标，疯狂的投机者迅速开始了针对泰铢的货币狙杀。

国际投机者首先发动了即期汇率冲击。1997 年 2 月，投机者判断以泰国的经济状况难以维持住 1 美元兑 26 泰铢的高汇率，因此分别从曼谷国际银行等几家银行借入了大量泰铢作为筹码，在外汇市场上集中抛售，引发了泰铢的贬值压力。为了维持汇率，泰国中央银行动用了 20 亿美元的外汇储备购入泰铢，并提高了银行利率以增加投机的资金成本，暂时稳住了泰铢的即期汇率。泰国死守汇率的决心是坚定的，一旦泰铢贬值将会使大量有外债的企业资产贬值、债务升值，继而引发一连串的债务违约和银行坏账问题。但提高利率举动也对国内经济发展和企业资金周转带来了不利影响，可以说泰国仍然处于内忧外患之中。国际投机者判断泰国继续干预汇率的实力已经不足，不断在市场中散布泰铢将会贬值的消息，扰动市场情绪，伺机开辟另一战线。

国际投机者后续实施了即远期联动冲击。投机者开始在外汇期货市场上寻找机会，大规模发起买入美元卖出泰铢的远期交易合约，分阶段做空远期泰铢。1997 年 3 月，银行间市场上类似的远期外汇合约已经高达 150 亿美元，且仍然在持续吸引投机者加入。5 月中旬，认定时机成熟的投机者又开始在外汇市场集中抛售泰铢，令泰铢即期汇率跌到 1 美元兑 26.6 泰铢的低点。即期汇率的下跌又联动激发了远期做空合约的吸引力，做空资本的实力仍然在持续壮大。而另一边泰国央行的反击再次消耗了大量外汇，实力日渐式微：一是在远期市场上大量买入了远期泰铢合约，二是联合新加坡、中国香港和马来西亚斥资 100 亿美元稳定即期市场，三是严禁国内银行向外拆借泰铢、追踪远期外汇合约和负面消息来源。

胜利的天平最终倒向了国际投机者。7 月 2 日，在耗尽了 300 亿美元的外汇储备后，泰国被迫放弃了固定汇率，当天泰铢即贬值了 17%。外汇金融市场的价格跳水，大量机构和企业因债务问题而纷纷倒闭，泰国经济被一击而溃。国际投机者利用手中的资本和舆论造势完成了对泰铢的精准狙击，赚取巨额利益后又迅速将目标投向了其他亚洲国家。此类行动在多个国家不断上演，造就了一场席卷亚洲的金融风暴。

案例小结：20 世纪 90 年代末，东南亚国家经济的快速增长无法掩盖其经济金融体系的不完善，作为新兴的发展中国家，泰国过于宽松的金融管制给了投机者可乘之机。来自发达国家的国际投机资本瞄准了泰国货币，通过即远期的联合做空操作和散播负面消息等多种手段，制造了外汇和资本市场的恐慌情绪，在泰铢汇率崩盘后赚取了巨额利益。而深层次的影响是，在投机者做空和市场羊群效应的综合作用下，泰国的固定汇率制度瓦解，货币大幅贬值继而引发金融体系连锁反应，陷入了经济的恶性循环。从攻击过程来看，投机者与泰国政府进行了一场资本与认知的联合较量，外汇和期货市场中的"资本战"是双方决胜主战场，而针对市场参与者的

"认知战"发挥了重要作用。投机者一方面利用做空利润诱导大众跟风来抗衡泰国政府,另一方面散布负面舆论加剧人们的心理恐慌,引发非理性行为冲击市场的价格体系。此案例中,负面舆论影响市场认知的过程对于泰铢市场的最终走势起到了重要的推动作用,这也意味着金融安全博弈的资本与认知"协同作战"正在不断深入和强化,两条路径的攻击机理更加清晰、手段配合更加成熟。

4. 金融安全博弈3.0:多域耦合的新形态

当前,随着人们对复杂性科学的认识深入,复杂性思维已经广泛影响了物理、生物、数学等自然科学以及军事、经济、管理等社会科学领域。毫无疑问,正如史蒂芬·霍金断言21世纪是复杂性科学的世纪,复杂性科学正处在科学发展的前沿,越来越多的现实问题被纳入了复杂性研究框架,金融安全博弈也不例外。金融安全博弈历经的聚焦于货币、资本、认知的实践路径,无一不是遵循着金融理论脉络的一种实践反映,而伴随着复杂金融理论的提出和一些新的实践样式的出现,金融安全博弈也朝着一种新的多域耦合形态演进发展。

在非均衡的金融复杂系统中,个体的异质性普遍存在,使得它们之间的关联性融合了多个领域的因素,包括金融联系、行为认知的互动影响以及依托信息技术组成的网络拓扑关系等等,各类因素都会对个体的金融活动产生影响,从而通过自组织、自适应和涌现来改变金融系统的整体性质。圣塔菲研究所曾开展了"人工股票市场"项目,通过对异质的"人工模拟行为主体"建模和计算机仿真实验构造了一个虚拟的股票市场,成功重现了泡沫和崩盘、技术交易、价格和波动的相关性及大成交量交易等真实市场现象,证实了复杂体制下金融秩序的涌现过程。从圣塔菲的结论看,个体行为的决定不是源于"自上而下"的演绎推理,而是"自下而上"的归纳推理，任何能够改变个体预期的因素都会造成金融系统变化。因此，既然金融安全博弈要面对的是资本、认知、网络等多领域因素共同作用下的金融体系，那么其中个体的行为模式将受这些因素的影响，意味着可以利用多领域因素和多途径来发动金融安全博弈，并通过协同配合演化为多域耦合的形态。

这一新形态已经在实践案例中有所体现，近年来，随着计算机和信息技术的发展，在资本战、认知战、协同战之外，一个新的领域——信息网络攻击也成了金融安全博弈的重要途径。随着金融信息化推进，金融系统网络拓扑是影响个体预期和行为的一个重要方面，因此针对金融网络的攻击能够影响整个金融系统的涌现结果。美国西点军校曾经梳理了自信息时代以来网络战的主要案例[65]，其中很大一部分是针对金融网络而实施的，如表2－1。

表 2－1　网络攻击案例节选——金融网络部分

大约日期	目标、攻击活动及方式	实施动机
2010 年 12 月 2 日	PayPal、瑞士银行、VISA、Master-Card 等网站遭 DoS 攻击瘫痪	报复行动——针对这些公司切断对维基解密的资金支持服务
2011 年 5 月 15 日	Lul zSec 黑客组织窃取并公布英国 3100 台 ATM 机交易记录	对福克斯新闻频道的嘲弄与示威
2011 年 6 月 11 日	帝国叛乱行动，针对美联储的一系列网络攻击	对美联储腐败欺诈行为和权力膨胀的示威
2011 年 12 月 25 日	美国安全智库网站遭黑客攻击瘫痪，并将大量用户信用卡资料外泄	报复政府对异见人士的逮捕
2012 年 2 月 1 日	巴西的布拉德斯科银行、巴西银行遭到黑客的 DDoS 攻击	WeeksPayment 行动
2012 年 2 月 16 日	黑客用 DDoS 攻击纳斯达克、纽交所、迈阿密交易所、BATS 交易所等网站	数字风暴行动，以支持占领华尔街运动

续表

大约日期	目标、攻击活动及方式	实施动机
2012 年 9 月	12 名联邦调查局探员的信用卡数据被泄露	反网络安全行动，报复联邦调查局
2012 年 10 月 5 日	瑞士银行及中央银行因 DDoS 攻击而瘫痪一周	抗议瑞典政府关闭共享网站
2012 年 11 月 15 日	以色列政府遭到 440 多万次网络攻击，影响最大的是耶路撒冷的银行	抗议以色列空袭加沙行动

可见，金融网络已成了信息网络攻击的常见目标，黑客们抱有不同的政治目的采取了多种类型的攻击行动，其中一些针对银行、市场交易系统的攻击手段已经与金融安全博弈的概念相差无几。从金融网络攻击的特点来看，在方法层上体现了网络攻击的一般性技术特点，而在整体上又具有金融安全博弈的目标和战术属性，呈现了信息域和金融的耦合关系。可以预见的是，金融网络战将成为金融安全博弈的重要发展方向之一，有计划、成体系的金融网络攻击具备独立实现金融安全博弈目的的能力。在复杂性科学的时代，金融安全博弈将逐渐表现为资本、认知、网络等多领域攻击耦合的形态，呈现机理多域化、途径多域化、手段多域化，而这种趋势也与混合战、多域战、全域战的战争形态发展路径不谋而合。

四、金融安全博弈演进的规律特点

一切事物都会经历发生、发展和演变的过程，其中必然遵循着客观的规律。从金融安全博弈演进的理论逻辑和实践路径的分析中可以得知，金融安全博弈的内在原理和外在形态并不是一成不变的，随着理论的变迁、经济的发展、时代的更迭以及应用场景的变化，金融安全博弈的目标、手段和对抗过程都遵循着一定的演进规律，突出表现为微观化、复杂化和隐蔽化等趋势特点。研究这些规律和特点对于认清金融安全博弈的时代特征，把握金融安全博弈的未来走向具有重要的意义，这也是历史经验之中蕴含的宝贵财富。

1. 金融安全博弈的目标微观化，但宏观战略地位更加凸显

随着世界范围内金融安全博弈的不断实践，金融安全博弈打击的目标对象也逐步向微观角度聚焦。从金融安全博弈在人类斗争史上崭露头角以来，对经济金融体系的打击便成了金融安全博弈的重要标志，但由于彼时无法充分掌握和介入对方金融体系的条件局限，为了取得更大的打击效果，金融安全博弈主要表现为对笼统目标的大范围攻击。例如，美国曾经对英国的国际信贷进行一刀切的限制，无论贷款来自何方以及用于哪些行业，都实现了较大的打击范围，但也因此让大量无辜民众遭受了苦难。随着不断演进，金融安全博弈已经越来越聚焦于具体的目标对象。近年来，美国因伊朗核问题而实施的金融制裁已经精确到了某个公司、个人甚至一笔交易，而与之相称的是极强的金融信息挖掘能力，具体方案和措施也更加精细和精准。因此，依托于技术和侦查能力的进步，金融安全博弈的实施变得更加具有针对性，打击效果也更加直接而致命，成了一种特殊的"精确制导武器"。也正因如此，金融安全博弈的战略地位更凸显了出来，从宏观上可以将之作为对外政策工具的重要选项，就像一种战略武器，在国家之间的对抗较量中发挥重要的"撒手锏"的作用。特别是在需要对外施压而又应当控制烈度的对抗情景之下，目标微观化的金融安全博弈将具有更大的作用和发挥空间。

2. 金融安全博弈的手段复杂化，但受到金融发展阶段的制约

伴随着目标微观化，金融安全博弈的打击手段也更加趋于复杂多样，这种复杂化体现在两个层面。一是使用的技术更加复杂。公元17世纪前，现代的金融体系尚未形成，金融安全博弈涉及的技术只能局限于对对方货币体系的直接干预，如曾经的印制伪钞、政策

限制等初级技术手段。然而伴随现代金融制度的诞生和国际贸易的发展，负责清算与支付的国际货币金融体系逐渐成熟，金融安全博弈陆续出现了金融制裁、资本市场做空、外汇狙击等新的攻击手段，其中蕴含的市场操作技术、通信技术、计算机技术都进入了更高、更复杂的层次。二是涉及的领域更加广阔。在金融国际化、信息化与数字化的进程中，金融必然与国际政治、大众传播、电子信息网络等其他领域产生交互影响，金融安全博弈的手段也从资本货币攻击向复杂网络的多途径、多角度攻击来演化。就如同国际投机者做空泰铢时所做的那样，大量散布泰国央行已无力维持汇率的消息，这是当时市场信心大跌的主要因素之一，这种看上去非常规的金融手段，实际上却发挥了重要的金融安全博弈作用；再如以"永恒之蓝"为代表的勒索病毒，在全球金融网络中的传播也曾造成了重大危害。可见金融安全博弈拓展到了更广的领域范围，具体的手段也更加多样且复杂。但万变不离其宗，在复杂化的趋势下，金融安全博弈也有着客观的约束条件，那就是受到金融发展阶段的制约。现代金融制度从多个层面发生着变迁，从金本位、金汇兑本位到牙买加体系①，从传统借贷业务到金融衍生品交易，从纸币化到金融电子化，而金融安全博弈必然是与金融发展同步的产物，不可能超出当时的客观环境。与此同时，这一规律也为正确认识和探索金融安全博弈的发展脉络提供了解题思路，是把握未来金融安全博弈形态的重要线索。随着区块链、云计算、人工智能、生物识别等技术在金融领域的运用和发展，未来金融科技时代的新领域新技术将成为金融安全博弈的必争之地。

---

① 牙买加体系，是 1976 年国际货币基金组织国际货币制度临时委员会在牙买加达成协议建立的新的国际货币体系，包括确立以美元为主导的多元化国际储备体系、浮动汇率制等内容。

3. 金融安全博弈的对抗隐蔽化，但危害程度更加致命

从实践案例的发展看来，金融安全博弈双方的对抗从正面的直接交锋更多地转为隐蔽的暗中实施，这一点从三个方面可以看出。一是战略目的的隐蔽化。金融安全博弈的战略目的是一个经济体决定发动一场金融安全博弈的根本原因和主要考虑。在早期针对货币特别是纸币体系的金融安全博弈期间，战略目的直接而明确，就是要通过打击货币体系来扰乱对方经济、获得战争胜利。然而随着国际环境的变化，战略目的过于明显会便于对方有所防备，因此往往被更多地隐藏起来。正如日本在签订"广场协议"时并没有警觉到金融安全博弈的阴谋，在被美国一套组合拳捶破了经济泡沫才回味过来。二是发起主体的隐蔽化。金融安全博弈的发起主体最初主要是政府或类似的国家级主体，双方始终立于明处进行对抗，但是随着对抗领域的拓展，这一情况也发生了变化。一方面资本全球化下国际游资的经济实力可能远大于任何一个政府，一旦被吸引到一起则有了巨大的金融影响力；另一方面对金融网络的远程攻击将更加难以追踪和溯源。因此，金融安全博弈的发起一方能够更容易把自己隐藏起来，暗中实施金融体系的攻击破坏。三是攻击手段的隐蔽化。在世界多极化发展和总体和平的国际形势下，金融安全博弈的手段必然会更多地考虑国际政治因素，朝着精确而隐蔽的方向发展，既有利于出其不意、攻其不备，又能够在政治斡旋上留有更大余地。例如量子基金在发起卖空远期泰铢的合约时，泰国并没有察觉到背后暗藏的杀机，并为之付出了惨重的代价，而且索罗斯的攻击完全隐藏在市场规则之下，也很难受到外界的干预。然而在隐蔽化的趋势下，金融安全博弈的破坏性并没有减弱。隐蔽的攻击使得发起方更容易突破对手的防线，也令目标方难以迅速找准目标和对策，因此往往能够对金融体系造成更为致命的危害。

| 第 三 章 |

金融安全博弈的博弈机理

博弈机理是通过对力量、资源等诸要素的综合利用和相互作用赢得最终胜利所依赖的基本规律和内在原理。关于金融安全博弈机理的研究是认识金融安全博弈的逻辑起点，它揭示了赢得一场金融安全博弈的充分和必要条件：顺应机理的金融安全博弈必然走向胜利，而违背机理的金融安全博弈则终将失败。本章从制胜基础、制胜要害、制胜途径三个角度来阐述金融安全博弈机理的主要内容，揭示金融安全博弈取胜的内在逻辑。

第一节　制胜基础：全面精准刻画目标特征

"知己知彼，百战不殆"，古代战争经验已经总结出，如果对双方态势掌握得详尽透彻，则可立于不败之地。这是自古以来对于所有战争普遍适用的博弈机理之一。沿着这一思路，正如军事战争的胜利必然建立在对敌情了解的基础上一样，对目标金融情况的掌握也是金融安全博弈制胜的基础。从金融安全博弈的特殊性来看，"知彼"就是要全面而透彻地掌握对方与金融安全博弈攻防有关的一切情况。众所周知，金融体系是一个含有超多节点和链接的庞大体系，涵盖了社会经济的方方面面，既难以详尽掌握又复杂多变。但在金融体系复杂的表象之下蕴含着许多目标经济体独有的特征，这是需要掌握的目标金融情况的核心内容。由于金融攻击的对象、传导方式、影响范围和毁伤效果都必然与该金融体系的特征、特性有着最直接的关系，如果能够将这些特征准确描述并形成一幅金融体系的"画像"，全面精准地刻画出目标的特征，就能够为金融安全博弈的有的放矢打下关键基础，从而成为胜利的充要条件。从金融安全博弈的需求和金融体系的特点出发，目标金融体系的特征可以表现在金融地理态势图和金融网络拓扑图两个层面的金融安全博弈视图。

一、金融地理态势图

金融地理态势图基于金融地理的思想，通过一定的监测手段将目标的地理要素与金融要素相互叠加而成，能够从独特的角度描绘出目标金融体系内的政府、机构、企业和家庭的空间分布、金融活动及其相互关系。作为经济地理学的重要分支，金融地理是从地理学角度来研究区域金融问题的一门交叉学科，主要的研究领域覆盖了金融中心的区位及影响、金融机构的空间布局及地区影响、资本市场的空间变迁以及金融资本区域流动等。基于金融地理思想绘制形势图的主要目的和作用就在于通过将金融与地理要素的融合来刻画出目标金融体系的空间交互特征，这些特征在分析金融安全博弈的攻击标的、影响范围、传导路径方面具有重要价值，能够帮助构建出精确、有效、具体的金融安全博弈武器，并且为金融安全博弈与其他斗争形式的协同配合创造基础。从内容来看，金融地理态势图应包含静态与动态两个层次的信息。

一是静态的区域经济信息。区域经济信息在目标的地理图上叠加了生产、分配、交换和消费各环节经济活动的信息，是一种对金融地理特征的静态描述，主要体现了各项经济指标的存量状态。这些信息至少需要包含几个重要方面：一要能够描述出各个企业与其供应商、客户和相关经济个体之间的金融联系节点，体现交换和消费环节的情况；二要对各类资源、资本和其他生产要素的位置和数量进行核算，帮助揭示目标经济体的生产环节的情况；三要体现商品流转中的时间、地点、所有者和物流渠道，详细提供分配环节的情况；四要体现与金融有关的其他信息，如各类金融主体的成本与收益、净利润情况、业务覆盖范围等。

二是动态的金融轨迹信息。金融轨迹信息在区域经济信息的基础上进一步掌握目标的金融活动轨迹，是一种对金融地理特征的动态描述，主要体现了金融资本在各个主体之间的流动状态。金融轨迹信息中应当包含有详细的金融主体、金融基础设施以及交互关系，这些是使得金融资本发生流动、积累和投入生产的必要基础。进一步挖掘和追踪目标的流动资产（如有价证券、信贷额度、银行存款、原材料和在建库存）和长期资产（如股东权益和固定设施投入）的流动轨迹以及真实负债情况，可以为后续分析目标的金融脆弱性提供数据基础。金融轨迹信息的重要作用就是能够刻画出金融市场的网络化节点（如家庭、企业、机构和政府实体）和链接（如交易网络和支付网络）之间的形态，在该网络化视图中，节点明确了责任、风险和回报所在的地理位置，而链接则显示了这些要素如何在金融市场中流动以及潜藏的真实风险。

二、金融网络拓扑图

金融网络拓扑图是基于网络拓扑思想运用一定的网络侦察监测手段探知的目标金融行业网络的布局结构图，可以描绘出由各种传输媒介连接的金融网络单元的网状物理布局,简言之就是能够体现不同级别的金融网络单元的地理位置以及相互连接的方式及特点。金融网络拓扑结构的确定需要通过三个步骤实现。首先,应当确定基本的金融网络单元,也就是"节点"。金融行业网络是基于银行、证券基金、保险等金融机构和数据中心、灾备中心等基础设施,依托信息技术和硬件组成的具有通信与传输功能的专用网络。因此,每家金融机构中与该网络相连接的存储设备、数据处理设备、通信控制设备和操作终端等都可以视作网络中的一个单元。其次,应当确定节点之间的连接及形态,也就是"链路"。金融网络拓扑中的所有链路构成了真实与虚拟两种基本布局,其中真实布局是金融网络单元之间由真实的物理位置和连接组成的物理链路关系,而虚拟布局是网络单元由主次、级别等逻辑位置和连接而组成的逻辑链路关系。最后,应当将单元与两种布局进行符合叠加。叠加单元与布局能够在一个视图中充分呈现金融网络在物理层面与逻辑层面的映射关系,并以此刻画目标金融系统网络的特征。

金融网络拓扑图主要反映了节点和链路具有的特性。从整体来看,一般网络的拓扑结构可以分为网状、星型、树型和混合型拓扑等诸多类型,不同类型网络的特征与性质有较大差异,划分依据就是节点与链路的呈现形态。节点原本是指网络中的一个连接点、数据再分发点或是端点,在网络拓扑图中显示为连线的相交点或分叉点,而链路就是两个节点之间的连线。与互联网、电力网等其他网络相似的是,金融行业网络也由大量节点和链路构成。在拓扑图中,节点和链路共同构成了通路,形如串联起节点的条条"锁链",体现了一项金融业务的通信路径。例如,一笔跨行汇款的信息从自动取款机(ATM)节点出发,经物理链路传输至银行各级网点,直至跨行结算中心。从金融角度看，拓扑图涵盖的信息主要有三条属性：一是位置属性，可以描述指定节点、链路及其所属的金融机构的地理坐标，是金融网络拓扑图与金融地理态势图的重要对接点；二是功能属性，描述节点、链路构成的通路在金融系统中所属的业务及作用，是金融网络拓扑反映出的核心特征；三是级别属性，描述节点及链路承载的金融信息数量级与重要性，如处于骨干网中的节点必然比底层的节点级别更高、链路承载信息量更大。从网络角度看，拓扑图包含了节点和链路的三个重要性质：度中心性（Degree Centrality），表示与这个节点直接相通的节点个数，反映了该节点信息的辐射范围；紧密中心性（Closeness Centrality），表示这个节点到网络中其他所有节点的最短链路长度之和，反映了该节点的位置重要性；中介中心性（Betweenness Centrality），表示这个节点位于多少条最短通路上，反映了该节点的不可替代性。

第二节　制胜要害：多角度识别打击脆弱点

要害，即关键和致命之处。自古以来，要害就是兵家争锋的焦点，贾谊《过秦论》中就有"良将劲弩守要害之处，信臣精卒陈利兵而谁何"的论断，可知要害既是作战双方之弱点，也是决定胜败之关键。从这一理念出发，金融安全博弈的制胜自然也应当瞄准对方的要害——金融体系的脆弱点，从而实施打击。金融体系是由大量金融机构和金融市场通过一定的制度、法律、经济习惯等相互作用而构成的庞大有机体，内含有机构体系、市场体系、监管体系和法规制度体系等各个组成部分。金融体系的组织和风险构成十分复杂，隐含着许多容易引发连锁反应、令整个体系一击而溃的脆弱点，是为金融体系的要害。从客观形式来看，脆弱点有可能是一家高负债的金融机构，或是一种高风险性金融资产，甚至是一套有漏洞的金融系统软件。在金融安全博弈中，充分地挖掘和识别出目标金融体系的这些脆弱点，就如同找到了对方的要害软肋，在此基础上实现精准的打击，方是金融安全博弈的制胜之道。具体地看，金融体系的脆弱点源于且反映着金融脆弱性，也就是金融体系在各类风险积聚状态下易失败的特性，这主要产生自三个层面：一是"钱"的层面，金融市场的资金流量流向以及主体交互行为产生的风险积聚构成了金融市场脆弱性；二是"网"的层面，金融网络中的软硬件及其拓扑结构产生的风险构成了金融网络脆弱性；三是"人"的层面，社会网络中以人为核心的金融主体各类行为规律及其影响因素产生的风险构成了金融社会脆弱性。通过对这三方面的金融脆弱性进行分析，能够从不同角度刻画出目标金融体系的要害，是金融安全博弈制胜的关键。

一、金融市场脆弱性

金融市场不仅仅是金融资产交易的客观场所，还包括了市场中的其他各种交易活动。自 20 世纪中叶新古典金融学的兴起开始，美、英等主要西方国家的金融体系都逐渐从银行主导演变为市场主导，金融市场成为市场经济体制下金融体系的基础和核心。金融市场的运动形式与货币资本的集中、流动和分配活动有关，即由资金的跨时间、空间转移所决定。这种转移使得经济体中的闲置货币资本经由金融市场从供给方流向需求方，提高了经济活动所需资源的利用率，激发了整个经济发展的活力。但与此同时，金融市场也受到来自各种交易活动的负面影响和风险侵蚀，而且并非所有风险都能自然化解。风险的不断积聚使其更易于在市场脆弱环节上爆发，酿成危害整个经济体稳定的金融危机。由此可见，金融市场的脆弱性内在源于其能够跨时间和空间转移资金的功能特点，外在表现为能够影响系统稳定的、对某类风险抵御能力较差的脆弱点，根据风险的性质具体可以分为三种类型。

一是信用风险点。信用风险也可以称为违约风险，是金融交易的一方不能按时履行到期债务的可能性。对于金融市场来说，信用的存在是其内部能够维持高负债状态的重要原因。基于信用的约束机制，金融主体可以在无足额抵押物的前提下发生借贷，大大提高了金融中介和资金需求方的融资和负债规模。而信用约束也给资金供给方提供了一种无形的权益担保，尽管这种担保并不能百分之百地生效。随之而来的问题是，由于信用的约束缺乏强制力，在需求方因种种原因不愿意或者无力履行债务时，资金的供给方和金融中介都将因此遭受经济损失。特别对于一些重要的银行机构来说，一旦因为贷款违约损失而陷入流动性危机，其危害便会通过与之关联的大量金融主体而波及整个金融体系。这些关系到重要金融机构的信用借贷活动就构成了潜在的信用风险点，其风险性一方面来自经济周期变化，如经济萧条期会造成企业贷款违约的可能性上升；另一方面来自非经济性的特殊事件，如遭遇了诉讼、丑闻的企业也会增加违约的可能性。构成信用风险点的信贷活动对相关企业、家庭和机构都有可能造成重大损失，如果类似的违约风险集中爆发，金融机构就可能会陷入挤兑破产的连锁反应，从而引发严重的金融危机。

二是系统性风险点。系统性风险是政治、经济和社会等宏观环境因素对金融市场造成负面影响的可能性。系统性风险往往来自金融体系内外不利因素的长期累积和酝酿，在遭受大规模冲击的时候会发生共振，其结果可导致金融市场无法有效运转而进入失控的下行循环，以及随之而来的金融机构倒闭、支付困难、货币贬值和价格失灵等表现[66]。系统性风险可以影响整个金融体系的功能发挥，并且具有隐蔽和传染快的特点，能够通过复杂的金融产品将危险掩藏起来，一旦当中支付链断裂就会急速蔓延[67]。例如1997年从泰铢贬值开始，金融风暴在一周内就传染到马来西亚、菲律宾、韩国、日本等亚洲国家，形成地区性事件。虽然引爆系统性风险的可能是一个随机事件，但实现的基础却是由金融市场内在积累的隐患决定的，这些隐患构成了系统性风险点。从一般金融市场活动的构成来看，系统性风险点主要分布于系统重要性银行[68]。这些规模较大、结构和业务复杂度较高的银行机构，在金融体系中提供着难以替代的关键服务，也一定存在着平时不易显现的风险隐患，一旦因事件冲击而倒闭停摆，将会对金融市场和实体经济产生重大影响。

三是制度性风险点。金融制度是限定和描述金融体系结构的一套以法律法规形式存在的行为准则，也是金融市场一切活动的基本遵循。它确定的是各类金融机构的组织设置、职能划分、隶属关系和行为模式，具体内容涵盖货币、信贷、利率、外汇和清算等基本的金融管理制度和具体调控机制。一个经济体的金融制度是在其独特的历史发展进程中逐渐形成的，具有明显的自身特色与不可复制性。例如，美国金融业虽然仅仅存在200多年的历史，但是却在经济自由发展和政府干预之间的动态博弈之下，发展出了世界上最成熟且最复杂的金融制度体系。这套金融制度起源于英殖民时期，是在英美战争、南北战争等历史事件的催化和经济自由思想的影响下形成的，已经被深刻地打上了美国烙印，其他国家不可能也没条件完全照搬。金融制度的主体部分是金融组织体系的构成与行为规范，向上可以衔接国家政治制度和经济政策，向下可以延伸至具体的金融主体与金融活动。现实中的任何制度都不可能尽善尽美，一个经济体的金融制度也或多或少存在着一些缺陷，这些制度缺陷可能给金融市场活动造成巨大的风险敞口，在一定外因作用下会对金融体系造成破坏，被视为金融制度性风险点。一方面是金融监管制度的缺陷。金融监管制度本身是为解决信息不对称、道德风险、逆向选择等市场失灵因素而执行的监督管理规则。金融本身是高负债高风险行业，市场失灵因素的积累会加剧潜藏的风险，而监管制度对于控制市场风险积累和应对危机都有极其重要的作用。历史上每一次重大的监管制度改革都是金融危机爆发和危机处置的结果，而危机也反过来揭示了监管制度存在的缺陷。如 2007 年次贷危机暴露了美国政府对于金融衍生品监管的重大缺陷，并促成了 2010 年以《多德—弗兰克法案》为重建美国的金融监管体系。另一方面是金融法制体系的缺陷。金融法制体系是金融制度框架的一种固化形式，也是金融市场活动能够顺利进行的基础保障。完善的法制体系能够减少或控制风险积聚，反过来说许多金融市场风险的爆发都可以归根于法制体系的不健全。例如英国的《银行法》就是在"吃一堑长一智"的循环往复中改革发展的①，凸显了制度性风险对金融市场的深远影响。

----

① 受困于 20 世纪 70 年代房地产泡沫破灭造成的信用危机，英国出台了《1979 年银行法》，打破了以往英格兰银行缺乏强制力的"道义劝说"监管方式。然而，此部法律依然存在着"双轨制"监管等制度缺陷。"双轨制"指英格兰银行对认可银行和特许吸收存款机构的监督力度与其他银行不同，对认可银行的监管仍然保留了传统的"自律""君子协定"式非强制监督体制。这一缺陷间接造成了 1984 年的马赛银行倒闭事件，于是英国在研究反思后又制定了《1987 年银行法》，强化了对大额风险敞口的监控，但在应对全球危机方面仍然反映出了制度的缺失。

二、金融网络脆弱性

金融网络是基于银行、证券基金、保险等金融机构和数据中心、灾备中心等基础设施，依托信息技术和硬件组成的具有通信与传输功能的专用网络。从本质上来看，金融网络就是将金融主体联系起来以完成金融业务功能的一套硬件与软件的综合体，其基础部分是由设备和光缆等搭建的硬件网络，运行在硬件上负责实现功能的软件部分则是金融信息系统。一个经济体的金融网络有着特定的拓扑结构，可以描绘为以网络单元为节点、真实和虚拟连接为链路的关系图形。拓扑结构图能够充分反映该金融网络的主要特征，正因为如此我们也能够从中识别和发现那些维持金融网络鲁棒性的强健部位，以及那些构成金融网络脆弱性的关键脆弱点。基于网络拓扑图来对金融网络脆弱性展开进一步分析，明确网络脆弱点的类别及特点，能够有助于在发动金融安全博弈的时候从网络层面识别打击对方金融体系要害。

一是根据位置不同表现为脆弱节点和脆弱链路，这种划分方式倾向于找寻攻击对象。脆弱节点是指金融网络中存在一些在遭受外部威胁时可能对整个网络的功能造成损害的节点。相应的，脆弱链路是金融网络中那些容易因外部作用而干扰中断的连接关系，并且能够造成较大范围的负面影响。在金融电子化趋势下，金融网络的节点是处理金融业务和管理信息的关键部位，而链路是各种信息传输的必由之路。脆弱节点和脆弱链路是一些特殊的节点和链路。原本任何节点和链路的破坏都会给金融网络造成一定的损害，是为一般性；只有那些能够对整个网络达到足够大破坏程度的节点和链路才能称之为网络的脆弱点，是为特殊性。区别在于，整个网络的波及范围和损害程度是由受损节点和链路的关键度决定的。

对于金融网络来说，脆弱节点和脆弱链路具有很高的关键度，其评判标准需要构建一系列综合指标，既包括拓扑特性的关键度，也包含金融特性的关键度。具体衡量上可以通过分析该节点、链路的度中心性、紧密中心性和中介中心性，以及承担的金融业务功能来作出评判，再根据不同程度的需要从中筛选脆弱节点和脆弱链路。

二是根据性质不同表现为硬件脆弱点和软件脆弱点，这种划分方式倾向于确定攻击手段。硬件脆弱点是金融网络硬件在发生故障、毁坏的情况下能够影响整个网络功能的部位。金融网络拓扑中能够识别出一些重要的硬件设施，比如具有管理、控制、备份等功能的设施以及将这些设施连接起来的光缆、部件，从它们的物理特性和功能特性入手，能够针对性地采取有效手段实施打击。软件脆弱点是金融信息系统中容易爆发信息风险而导致部分或全局失效的部位，也是重要的系统漏洞之所在。金融信息风险是外在威胁能够利用信息系统的漏洞来引发安全事件的可能性，也是金融行业网络安全重点防范的不确定性风险和不利因素。金融信息系统本身十分庞大，从层次上看包括金融业务处理系统、金融管理信息系统和金融决策支持系统，从业务性质上看包括柜台业务与自动服务系统、跨行业务与资金清算系统、金融管理信息系统、办公自动化系统等。越是庞大复杂的信息系统就越容易因设计难度大而伴生安全漏洞，这些在开发过程中难以避免的技术缺陷或错误一旦被外部利用将会导致金融信息系统信息失窃、功能损坏甚至是整体瘫痪。

三、金融社会脆弱性

金融社会脆弱性是从社会网络的视角下对金融脆弱性来源的一种分析，马修·杰克逊[69]就曾研究过社会网络中的个人是如何通过学习、模仿和博弈来改变自己的行为决策，以及这些行为在社会网络中的扩散传染会带来的金融体系风险与脆弱性。在社会网络中，每一个个体之间的互动和联系将会使整个社会呈现出一定的行为规律，从而产生对金融体系造成危害的可能性，对于金融体系而言构成了人为的风险。人为风险在金融体系中广泛存在，虽然金融风险通常被认为是一种客观的金融现象，但是其根本来源往往与金融体系内的"人为"因素有关，特别是与金融行业管理者和从业者的主观因素密切相关[70]。换言之，金融社会脆弱性很大程度上源于人类自身的不稳定。在面对金融危机或其他冲击时，人们对于形势的预测、判断、处理、抵抗和承受能力都有着主观特性，各自的反应也不尽相同。以往事实表明，金融危机的破坏性并不完全在于原始冲击的强度，而是取决于社会网络中人们普遍的应对表现，尤其是管理者和重要人物的决策往往能够左右危机的走向。因此从性质上来看，构成社会脆弱性的人为风险分为两种。一是被动性人为风险。当外部信息变化时，个体通过观察和经验判断被动地改变自己的行为模式，这种改变将借由社会网络开启动态的传染过程，每个人都在被动地适应这种变化，从而一步步地使整个金融交易活动偏离正常的轨道，对金融体系的稳定性造成不利影响。二是主动性人为风险。人为风险不仅表现为社会个体在信息变化下的不良连锁反应，还包括其主动采取的极端利己主义行为，即道德风险，特别是金融体系中重要人物的行为方式具有更大风险。根据信息经济学观点，金融市场的一个重要特征就是信息不对称，重要人物往往能够利用信息优势来获取私利，对他人甚至整个系统造成负面作用。正如米什金所说，金融危机本身就是一种变得太严重的道德风险问题[71]。随着计算机与通信技术的飞速发展，资本的流动成本几乎为零，高频的、即时的金融交易无处不在，几秒钟内就可以完成数以亿计的资金流动，大大加剧了主动性人为风险的危害性后果。可以看出，社会脆弱性和人为风险的产生突出了人在金融体系中的能动性，这也意味着利用人的认知因素来打击目标金融体系成为一种可以实现的途径。

第三节　制胜途径：慑战并举塑造优势胜势

制胜途径是对金融安全博弈的实施与取得胜利之间演化路径的规律总结。上文提到，金融安全博弈的制胜建立在全面精准刻画目标特征的基础之上，运用多角度识别打击脆弱点的方式去直击对方要害，然而金融安全博弈的攻击与最终胜利之间必然存在一种力量传导的途径，使金融攻击能够建立优势继而转化为最终的胜势。这意味着制胜途径需要揭示金融安全博弈机理的核心问题——胜势究竟从何而来？回答好这个问题需要从"途径"的内涵出发，所谓制胜的"途径"，其外在的表现是取胜必须遵循的法则，而其中蕴含的则是内在的原因机理，这些机理能够明确金融安全博弈对对方金融体系造成了哪些影响，又依据哪些原理令对方战败。从前文可知，金融安全博弈的主要功能是给对方造成金融毁伤和力量威慑，其中毁伤的目的是弱化对方经济支撑力，威慑的目的是弱化对方政治支持力，以经济、政治两方面的相对优势将敌击败。因此，金融安全博弈的制胜途径就在于充分发挥慑战并举的功能，通过对对方金融体系的综合作用来塑造优势和胜势。在这里，可以运用经济学原理和方法对金融安全博弈的作用机理进行阐释，据此说明金融安全博弈如何通过"慑"与"战"的综合达到制敌取胜的效果。

一、毁伤机理：削弱经济支撑力

金融安全博弈能够对目标方的金融体系造成毁伤作用，并以此来削弱其在对抗中的经济支撑力。在对抗过程中，战争准备是双方必不可少的应对措施，既能做好态势升级准备，又能显示决心意志。经济是战争准备中的重要支撑力量，也是战争实力生成的重要保证。在经济影响方面，金融安全博弈造成的金融毁伤会通过影响金融体系融资能力来达到削弱战争实力的目的，从而为金融安全博弈的发起方建立相对的斗争优势。在机理方面，可以从微观经济的生产理论出发，分析金融毁伤与经济支撑力、战争实力之间的作用关系。为了简明扼要说明问题，需要合理地假设一些前提条件：一是可以将战争实力看作是一种产品，通过战争准备的过程来实现生产，其中资本要素的投入量就是战争经济支撑力的体现；二是假定参与生产的要素只有劳动和资本，且两种要素的边际技术替代率递减，这也遵循了经济学研究的一般假设；三是假设生产的技术水平不变且处于中性即规模报酬不变，不考虑技术进步的情况；四是将金融安全博弈造成的金融毁伤视为一种外生冲击变量。明确这些条件后，可以对外生冲击下的战争实力生产变化的情况进行比较静态分析，选择广泛使用的"柯布－道格拉斯"函数作为战争实力 Y 的生产函数，在规模报酬不变的情况下：

$$Y = AL^{1-\varepsilon}K^{\varepsilon}$$

其中 A 是综合技术水平，L 是劳动投入，K 是资本投入，ε 是资本对产出的弹性系数，根据技术水平不变的假设有 $A = \bar{A}$。资本投入 K 可以分成为两个部分：自有资本 K_a 是国家掌握的可以直接投入战争实力生产的资本，与军费和财政实力有关；融资资本 K_b 是战争准备期间通过金融系统融资得到的生产资本，与资本价格和需求规模有关。其中，融资资本也可以表示为关于融资能力 η 的一次函数 $K_b(\eta)$，η 大小与融资成本、市场信心、系统效率等因素有关，较高的 η 意味着通过融资方式投入生产的资本量更多，金融系统正常运转状态下取值为 η_0。因此，战争实力的生产函数为：

$$Y = \overline{A}L^{1-\varepsilon}\left(K_a + K_b(\eta_0)\right)^{\varepsilon}$$

由于对抗双方的战争准备往往发生于较短的时间跨度内，一般来看这种时间跨度符合经济学的短期生产情况。经济学中的短期概念可以理解为某些生产要素的投入数量不能得到充分调整，一般认为短期内的劳动投入是可变量，资本投入是不可变量，即短期内资本投入量无法因内生力量而改变。但是在战争实力这种特殊产品的生产中，可以认为劳动投入也不能立刻变化而是存在黏性的，因为这需要涉及将国民经济部门的劳动转移到国防部门，劳动的部门间转换会受到合同、岗位和技能不匹配等多种因素制约。如图 3-1 所示，由于两种生产要素间的不完全替代关系，战争实力生产函数的等产量线 Y 向原点凸出，通常情况下会在等产量线与等成本线相切的最大化产量位置生产，此时产量为 Y_0，劳动和资本投入为 L_0、K_0。

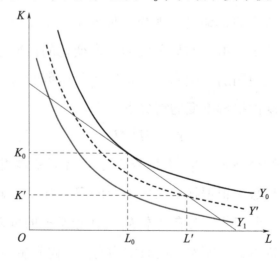

图 3-1　金融安全博弈对战争实力生产的影响

假设金融安全博弈的外生冲击量 σ 使得融资能力下降为 η'，则有 $\eta_0 - \eta' = \Delta\eta(\sigma)$。资本投入的总量将变为 K'，融资资本和资本投入变化量 $\Delta K = K_0 - K' = K_b\Delta\eta(\sigma)$，在劳动投入不能及时调整时，产量将位于在较低水平的产量线 Y_1 上，产量变化 ΔY 可以通过资本的边际产出 MP_K 得到：

$$MP_K = \frac{\partial Y}{\partial K} = \varepsilon\,\frac{Y}{K}$$

$$\Delta Y = Y_0 - Y_1 = MP_K \cdot \Delta K = \frac{\varepsilon K_b\Delta\eta(\sigma)Y_0}{K_a + K_b(\eta_0)}$$

当外生金融冲击发生时会立刻对融资能力造成负面作用，并使资本的投入量因融资能力 η 的下降而减少，显示了金融安全博弈对经济支撑力的削弱作用。而结果造成了战争实力的产量下降，具体数值与外生冲击量 σ、初始产量 Y_0、资本投入 K_0 和资本产出弹性 ε 有关。随后，由于短期内的劳动投入具有黏性，在实际产量下降时，目标方会沿着 $L_0 \rightarrow L'$ 的方向增加劳动投入以逐渐恢复产量，但过程中依然受到资本要素不变和成本线的约束，因此短期内可能达到的最大产量是与成本线相交于 (L', K') 点的产量线 Y'。由于初始产量 Y_0 与成本线相切，则必然有 $Y' < Y_0$。从以上的分析之中可以得出基本结论：金融安全博弈在短期内能够造成对方战争实力的产量的减少。结论的现实意义在于金融安全博弈能够快速削弱目标方的战争实力，即使在短期内增加劳动投入也无法完全弥补损失，因此为发起方塑造了相对的实力优势。

二、威慑机理：削弱政治支撑力

金融安全博弈能够通过影响目标方的金融体系运转对政治集团、社会民众形成威慑作用，并以此来削弱政府执行敌意政策的政治支撑力。从内在机理来说，金融安全博弈能够通过造成收入效应和信号效应对目标方的内生政策市场平衡造成改变，可利用内生政策的利益集团模型分析。假设总人口 I 中的个体为 i，X 为代表某一政策水平的非负、连续变量，Y 为此政策带来的收益，初始禀赋为 Z，U 表示是绝对风险回避效用函数，那么：

$$U^i = U^i(Y^i), Y^i = Y^i(X), Y^i(0) = Z^i$$

假设目标方内部有两个政治集团：集团 A 为强硬派的政治集团，其中个体为 a；集团 B 为代表妥协派的政治集团，对集团 A 的强硬决策持反对态度，其中个体为 b。X 表示在对抗较量中采取的敌意决策水平，由两个政治集团共同决定。根据假设有 $(Y^a)' > 0$，即集团 A 的每个个体都是敌意决策的受益方，所以 X 的单位需求价格是集团 A 愿意为追加 1 单位 X 而支付的价格总和，即：

$$P_d = D^A(X) = \sum_a \frac{\partial U^a}{\partial X}, \ (D^A)' < 0$$

集团 B 的每一名成员 b 都可以看作是 X 的受害方，$(Y^b)' < 0$，因此他们都愿意为减少 X 而支付，那么 X 在政治市场中的价格就是集团 B 内所有人愿意为减少 1 单位 X 而支付的价格总和的相反数：

$$P_S = D^B(X) = - \sum_b \frac{\partial U^b}{\partial X}, \ (D^B)' > 0$$

D^B 实际上就是 X 在政策市场上的供给曲线。这是因为 X 的取值越高，集团 B 的损失越大，这样就会增大其反对集团 A 的力度，进而使 A 付出更高的决策成本。因此，在政策市场均衡条件为：

$$P_S = P_d = D^B(X) = D^A(X)$$

政策的产出具有公共产品的性质，即每个消费者都想让其他人来"买单"，而将自己的支付意愿隐藏起来，少付出甚至不付出。这种"搭便车"的行为会影响整个集团真实需求的表达，使政策市场的出现扭曲。"搭便车"是决定集团的政治影响力的主要因素，用 E 表示政治集团内存在"搭便车"的程度，也可以将其称为政治效能指数。E 越高，表示"免费搭车"现象越多，整个集团的政治影响力越低，集团对决策 X 的需求价格也就越低。E 会影响各个集团对 X 的供给和需求，所以要对政策市场均衡条件作出如下修正：

$$P_S = P_d = D^B(X, E^B) = D^A(X, E^A), (D^A)'_2, (D^B)'_2 < 0$$

考虑模型与现实的映射关系，在涉及两个经济体的对抗中，集团 A 指目标经济体的政治决策集团，偏好于实施强硬的敌意决策（增加 X），因为他们认为这可以迫使对方妥协，进而获取利益或避免损失。集团 B 指所有反对强硬政策的个体集合，是敌意决策的利益受损者，因此倾向于减少 X。这两个集团共同决定一个经济体是否继续采取敌意政策。从比较上来看，政治集团 A 一般是政府，其对各种资源的利用能力和政治影响力明显更高，因此在其他条件不变的情况下 $E^A < E^B$。上升到从两个经济体的视角，当双方各自采取的敌意决策水平 X 达到一个很高的阈值时将爆发战争，而当一方的内生政策均衡中的 X 减小时，就表示让步妥协，直至 $X = 0$ 时完全放弃对抗。金融安全博弈的威慑作用在模型中可以表示为改变了目标方的内生政策均衡，令其产出妥协程度更高的政策，具体效果可以分为收入效应和信号效应两个部分。

1. 收入效应

收入效应是指金融安全博弈对目标方个体收入的改变对政策市场造成的影响。如图 3-2 所示，最初政策市场供需函数 S_0、D_0 在 $X = X_0$ 时达到的均衡。发动金融安全博弈之后，目标方金融体系的全部经济损失由所有金融主体分担，随着收入的减少，X 的受益者对 X 决策的支付意愿将会降低，需求曲线 D_0 将下移至 D_1。然而，由于 X 的受害者也在金融安全博弈中遭受了损失，将削弱其配置资源以从事反对活动的能力，使得 X 的供给价格也下降。供给曲线 S_0 移动至 S_1。

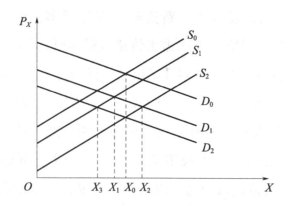

图 3 – 2　金融安全博弈对内生政策均衡的影响

两条曲线分别移动使得新的均衡点取决于相对移动量，因而对于 X 的最终影响是不确定的。第一种情况，如果集团 A 比集团 B 的收入损失更大，则 D_1 比 S_1 位移更大，则新的市场均衡点就会处于较低的 X 水平，也就是说收入减少造成了一定程度的妥协，这说明如果金融安全博弈可以更加倾向于针对集团 A 而不是集团 B，则可以发挥出威慑的效果令目标方进行一定让步妥协。第二种情况，如果集团 B 比集团 A 的收入损失更大，则 S 下降为 S_2，D 下降为 D_1，新的均衡点将位于 X_0 的右侧，这说明错误针对性的金融安全博弈可能反而会加剧敌意政策。第三种情况，如果集团 A 与集团 B 的收入损失相等，那么 S 下降为 S_2，D 下降为 D_2，新的均衡点仍处于 X_0 的水平，这说明无针对性的金融安全博弈可能没有威慑效果。综合来看，金融安全博弈威慑作用中的收入效应对政治支持力的影响由其内部不同政治集团的比较损失而决定，实际效果与金融安全的针对性有着紧密关系。

2. 信号效应

信号效应是指发动金融安全博弈相当于给目标方发出了一个威胁信号，这个信号会造成与经济无关的外部性影响。从模型中看，威胁信号会影响目标经济体内部两个政治集团的政治效能参数 E_A

和 E_B。一方面，集团 B 的成员可能会认为金融安全博弈是发起方对他们反对集团 A 和政策 X 的声援信号，或是预示着集团 A 将要被削弱，那么集团 B 将试图在政策市场上获得更多的收益，其中的个体 b 将更加团结，"搭便车"的动机将减弱，造成 E_B 下降、集团的政治影响力上升。重新观察图 3 - 2，假设初始均衡为 S_2 与 D_2 的交点，均衡数量为 X_0，由于 E_B 的下降引起集团 B 的供给曲线从 S_2 上移到 S_1，E_A 保持不变，则市场均衡水平从就 X_0 降低到 X_3，这表明金融安全博弈的信号效应可能造成了政治集团的实力变化，削弱了政策市场产出的敌意决策水平。另一方面，信号效应对于集团 A 的影响是不确定的。一个可能是集团 A 成员将金融安全博弈看作是一种侵略，这会令他们更加团结，减少成员"搭便车"现象并且愿意为了提高 X 而付出更多的资源。这一过程表现在图 3 - 2 中，即政策需求曲线从 D_2 右移至 D_1，使得 X 的均衡水平从 X_3 上升到 X_1。另一个可能是集团 A 内的成员因感受到金融安全博弈的威胁而产生动摇，试图放弃对 X 的需求，但在集团 A 内部压力下不愿表露自己的真实意愿，那么"搭便车"动机将会增强。例如，一些成员发现金融安全博弈的严苛程度超出了预期，甚至有可能导致集团 A 失去统治权力，就有可能不再坚持自己的需求。表现在图 3 - 2 中，即政策市场需求曲线从 D_1 下降为 D_2，使得市场均衡水平从 X_1 下降为 X_3。

从上述分析可以看出，金融安全博弈威胁的信号效应会从多个角度影响目标方的政策市场的均衡，这种影响超出了金融领域而对目标个体和集体的认知领域产生了直接影响。这说明金融安全博弈不仅能够利用对金融体系的毁伤来塑造经济和战争实力优势，还可以通过对目标认知域、社会域的作用影响来塑造政治、心理上的优势。

三、综合作用：聚优势为胜势

金融安全博弈能够对目标方造成经济支撑力和政治支撑力的削弱作用，为发起方建立局部的相对优势，然而多种优势如何凝聚在一起变为胜势，仍需要站在一定高度进行综合判断，明确金融安全博弈在双方对抗过程中的综合作用机理。金融安全博弈所处的对抗较量环境是双方利益矛盾的集中表现，各自因利益选择作出的政治决策，既是决定形势发展走向的关键，也是金融安全博弈等斗争手段发挥作用的落脚点。从经济学角度来说，理性的政治决策就如同生产者作出的经营决策一样，都是在一定约束条件下追求收益最大化的过程，可以运用"成本—收益"模型来说明决策的形成过程以及金融安全博弈在其中的综合作用。

假设决策者是理性人，令 X 为目标方采取敌意决策的水平，以 R 表示决策收益，C 为决策成本。对于任意 X 的取值，目标方的总收益为 TR，表示这一决策带来的政治、经济等各领域收益的总和；总成本为 TC，表示为了作出这一决策需支付的内在成本，包括相应的战争准备成本、人力成本、政治成本等等。显然，在其他条件不变的情况下，X 符合边际收益递减的规律，即随着 X 值的提高，总收益的增量不断减少，总成本的增量不断增加，即 $MR' < 0$，$MC' > 0$。如图 3-3 所示，TR、TC 曲线相交于 G、H 两点，在两点之间有 $TR > TC$，表示 X 处于 X_1 与 X_2 之间时目标方获得的总收益高于其付出的总成本。由于决策者是理性的，不会作出任何成本大于收益的决策，因此 (X_1, X_2) 为决策的置信区间，决策者始终在这一区间内寻找最优决策。根据"成本—收益"原则，目标方在决策区间内获得收益最大化 $\max(TR - TC)$ 的条件是 $MR = MC$，即 TR 与 TC 的切线斜率相等，由此产生了最优决策 X^*。也就是说对于理性的决策者，在总成本与总收益曲线不变的情况下，最终会作出敌意程度为 X^* 的政治决策。

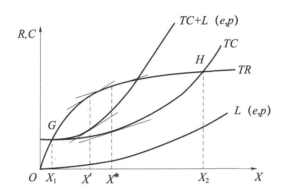

图 3 – 3　金融安全博弈对对方决策的综合影响

金融安全博弈能够从经济支撑力和政治支撑力两条路径给目标方造成相应的削弱，也可表示为抽象的损失，分别用 e、p 表示，那么金融安全博弈造成的总损失为 $L(e, p)$，表现为综合作用的效果而非简单叠加。由于金融安全博弈从威慑和作战角度都是为了降低目标方的敌意决策水平而实施的，X 值越高，为降低 X 而发起的金融安全博弈强度就会越大，造成的总损失 L 也就越大，因此 $L(e, p)$ 在图 3 – 3 中是一条斜率为正的曲线。引入曲线 $L(e, p)$ 后模型最优解会发生变化，由于目标方在总成本外还额外承担金融安全博弈的总损失，其收益最大化变为 $\max(TR - TC - L)$，约束条件为 $MR = MC + MPL$，即在均衡点处 TR 曲线的切线斜率等于 TC 和 L 曲线的切线斜率之和，得到新的最优决策为 X'。因为 L 曲线有正的斜率 $MPL > 0$，所以 $MR > MC$，点 X' 位于 X^* 的左侧，$X' < X^*$。模型演化的实际意义是发起方借由金融安全博弈削弱目标方的经济支撑力和政治支撑力，迫使目标方作出了退让，只要这种退让达到了预期的程度就意味着发起方取得了胜利。因此，利用金融安全博弈毁伤与威慑作用建立起来的相对优势，能够迫使目标方重新衡量成本与收

益，从而被迫逐步妥协退让直至失败；与之相应的，发起方在金融安全博弈造成的局部优势基础上，通过慑战并举的方式能够最终取得整个对抗过程的胜利。

第 四 章

金融安全博弈的空间、途径与样式

金融安全博弈包含的样式内容繁多，并且随着发展演化表现出跨域、多域的复杂特点，不同样式的金融安全博弈在攻击的对象、机理、通道和工具等各个方面都有一定的规律特点。作为金融安全博弈理论的核心研究内容之一，金融安全博弈的攻击样式应当根据其博弈空间与途径的特点，以合理的划分方式进行独立分析。本章从空间、途径与样式三个层面对金融安全博弈的样式开展从总体到具体、从宏观到微观的理论分析，明确金融安全博弈的"三域"空间、三条攻击途径以及九种基本攻击样式，力求全面准确地梳理出金融安全博弈的攻击手段，为金融安全博弈的实施确立清晰的路径。

第一节　金融安全博弈的空间

博弈空间是军事科学和作战理论研究的基础，不同的战争形态和作战样式决定了博弈空间的性质，并反过来依赖博弈空间来实施行动。博弈空间的概念在发展中经历了由实体到虚拟，再到虚实结合的过程。相应的，金融安全博弈的空间也是金融攻防对抗的全部领域。从逻辑关系角度看，如果以空间为全集，金融安全博弈的每一条攻击途径都是其博弈空间内的一个子集，而攻击样式则是子集中的元素。因此，首先明确金融安全博弈的空间及结构，将划定金融安全博弈的研究边界和维度，这也是金融安全博弈的攻击途径及样式分析的宏观基础。

一、博弈空间的一般构成

博弈空间（Operational Space）是博弈行动涉及的空间范围[47]。在我国古代，博弈空间的概念由来已久，《战国策·卷三·秦策一》中就有苏秦向秦惠王建议"于是乃废文任武，厚养死士，缀甲厉兵，效胜于战场"[72]。这里的战场即是指两军对阵交战决胜之地，也就是作战的空间。《孙子兵法·九地篇》[73]曾提出"九地"的博弈空间概念，分别为散地、轻地、争地、交地、衢地、重地、圮地、围地、死地，在"九地"作战需要分别采用不同的用兵治兵之法。古代战争历史中，由于战争形态的局限性，博弈力量、作战方式、作战边界、武器装备、打击目标等都离不开实体属性，因此作战主要局限于看得见、摸得着的物理领域。随着生产力发展和技术进步，战争形态和作战样式不断变化升级，博弈空间的范围也在不断扩张。从冷兵器战争到热兵器战争，再到机械化战争；从陆地战到海战、空战，再到太空战，与之相匹配的，博弈空间也由最初的陆战场向海战场、空战场立体化拓展。特别是 20 世纪 80 年代以来，随着信息技术的高速发展，战争形态由机械化向信息化加速转变，信息战、心理战等作战样式陆续出现，打破了旧有博弈空间的物理局限性，使得其内涵逐渐由实体化向抽象化延伸，呈现出"虚实"结合的特征：既涵盖了作战行动涉及的物理领域，又包括信息生成和传递涉及的信息领域，以及人员决策思考涉及的认知领域。

波普尔的"三个世界"理论[74]为进一步把握博弈空间的层次维度奠定了理论基础。1967 年，英国哲学家波普尔为了阐述信息在人类活动空间里的位置，对整个人类世界的结构作出了极具创新性的定义，他认为人生活在三个世界：第一世界是由物质实体和物理能量构成的物理世界，第二世界是由人的内心或思想构成的精神世界，第三世界是由人的心灵产物构成的抽象世界，也就是一种客观意义上的观念世界，必须附着于相应的信息之上。"三个世界"的意义在于把复杂的世界按照一种规则划分出了层次，并赋予了第三世界应有的地位。此后，许多学者在波普尔研究基础上对信息时代的世界结构进行了解析，这些概念对军事博弈空间的研究产生了重要的影响。21 世纪初，美国国防部基于类似的理论观点对博弈空间进行了全新解读，首次提出由物理域、信息域、认知域和社会域构成的信息化战争四个作战域[75]。域（Domain）表示领域、范围、范畴，不同的域是具有不同性质的要素的集合，这四个作战域互相关联、互相依赖：物理域是实体化作战行动的客观存在领域，范围覆盖了军队执行常规作战行动位于的陆海空天等战场空间、战争中一切物理实体及其通信网络所在的领域；信息域是容纳一切信息的虚拟领域，是作战过程中所有人与人之间信息交流的必然场所，作战信息在这里产生、传输和共享，相当于是军事博弈的网络空间；认知域是军事作战人员头脑中的虚拟世界，里边包含了人的知觉、感觉、理解、信念以及价值观等要素，所有人作出的决策都出自自己的认知域；社会域是多元主体的互动领域，是参与作战的各个主体在一定的社会规则下相互影响、交换信息、调整认知以及达成协作的领域。美军这一观点把博弈空间的概念从单纯的物理空间拓展到了无形的信息、认知和社会空间，能够帮助军事人员在更广阔的空间里深入思考和理解信息化战争。

二、金融安全博弈的"三域"空间

金融安全博弈是以攻击对方金融体系为主要特征的特殊斗争形式，其中金融体系既涉及货币、金融机构、基础设施等实体领域要素，又涉及金融网络信息、金融市场信心等虚拟领域要素。从范围上看，金融安全博弈将不可避免地涉及多个领域的要素。因此，结合信息化战争的既有概念以及金融安全博弈、金融体系的特点，金融安全博弈的空间应当划分为"三域"，即物理域、信息域和认知域。

1. 物理域

物理域是金融体系中一切真实之物客观存在的物理空间，也就是金融体系中具有客观存在属性的所有要素的集合。与金融安全博弈密切相关的物理域要素主要有三类。一是金融市场主体及其交易工具。金融市场主体是指在整个金融体系中具有金融功能或者参与金融活动的一切现实存在物，如银行、券商、保险公司等金融中介，以及通过金融中介关联起来的企业、个人等其他金融活动主体。交易工具是指各类主体在金融活动中依赖的货币或其他实体性的金融工具。二是金融基础设施。狭义的金融基础设施是指支撑各类金融市场主体之间组成交易网络的硬件设施，是金融主体之间发生交易关系的重要保障，例如支付清算系统、金融信息系统的服务器和终端设备，金融网络的光缆、接入端口和无线通信基站，加装了处理器、传感器或控制器的各类金融业务平台，等等。三是金融地理环境。金融地理环境是指金融体系中的市场主体和硬件设施依存并与之交互的地理要素，例如机构所处的区位地点以及周边的地形地貌，机构所处地区的自然气候、大气状况、资源禀赋，等等。

2. 信息域

信息域是基于网络结构的金融信息运行空间，是金融活动中所有信息要素的集合。信息域位于虚拟的逻辑层面，是由大量的节点和链路组成的体现相互逻辑关系的复杂网络。其中，每一个逻辑节点都是这个复杂网络里独立的信息个体，其背后都对应着一个必然存在的物理实体，而链路则描述了不同个体之间的信息传递关系。随着金融信息在逻辑节点处生成、加工和存储，并在链路中传递输送，大量的节点和链路构成了复杂性的金融信息网络。

金融信息要素主要由三部分组成。一是电子信息网络。电子信息网络是指依托电子信息技术将金融主体依逻辑关系连接构建而成的逻辑网络。金融主体通过计算机硬件、软件和网络通信设备对金融信息进行采集、加工、分析和传递，组成了信息高速传输的空间，其具体表现为在金融网络基础设施支撑下的金融监管信息系统、银行管理信息系统及各种金融业务子系统中的信息数据。二是社会信息网络。社会信息网络是社会中的每个节点（如一个人或一家机构）之间能够形成传播途径的信息传播网络。从信息传播学的角度来看，金融相关信息需要借由一定的载体（传播媒介）进行社会传播，不同的媒介构成了不同的信息传播网络，例如文字传播网络、广播电视网络、自媒体网络等，都是社会信息网络的一部分。三是金融信息本体。金融信息本体指的是通过金融信息网络中的各种载体传输的信息本身，既包含信息运行空间各个节点持有的金融信息，即静态信息；也包含金融信息在电子信息网络和社会信息网络中运行形成的信息流，即动态信息。金融信息本体有丰富的表现形式，如电子网络中的金融软件、账户数据和业务信息等数字化金融信息，交易所公告、上市公司年度报告、行业研究报告等以传统媒介为载体的金融决策信息，相关行业和自媒体中以非传统媒介为载体的辅助决策信息，等等。

3. 认知域

认知域是金融活动主体的意识空间（Awareness Space），是金融主体在所有金融活动中感知、判断和决策等认知要素的集合。在心理学领域，认知是涵盖范围非常广的概念，泛指主观对客观事物的认识过程。根据金融活动主体的不同，可以分为集体认知和个体认知两个层面，分别对应金融机构和个人对金融信息的认识过程。认知域包含了人的认识过程的三个环节。一是感知。感知是指主体对于多种金融信息本体的获取和理解过程，如银行业务信息采集、金融市场数据统计、个人对金融信息的搜索等。二是判断。判断是主体对于金融信息的筛选和处理过程，如政府对金融形势的判断、银行风险的识别预警、金融机构和个人的市场预期等。三是决策。决策是金融主体基于掌握的信息决定金融行为的过程，金融主体将会以自身的预期作为决策的依据，而且不同主体间的决策也会互相影响，使信息的认知趋于一致，产生羊群行为（Herd Behavior）①。现代金融体系是建立在信用之上的，而信用在很大程度上取决于金融主体的认知。根据行为金融学观点，人都会存在各种认知偏差，而作出金融交易决策时的认知偏差会导致系统性的资产价格认识错误，并带动市场行情的变化，造成金融资产与其真实价值的偏离。因此，虽然认知域是纯粹无形的意识空间，但却能够通过改变人的金融行为实实在在地影响金融体系的运行情况。

---

① 羊群行为：金融市场中的羊群行为是一种特殊的非理性行为，是指投资者在信息环境不确定的情况下，行为受到其他投资者的影响，模仿他人决策，或者过度依赖舆论（即市场中的压倒多数的观念），而不考虑自己的信息的行为。

三、"三域"的区别与联系

物理域、信息域和认知域从其代表的要素属性来看是截然不同的，但其三者的内在联系密不可分。

一方面，物理域是信息域和认知域依赖的物质基础，物理要素的变动将引起信息和认知要素的相应变化。第一，金融信息的生成是客观实在的金融主体的行为结果，如金融软件是程序员编程的结果，数据是操作员录入的结果，公告报表是企业编制的结果，等等。第二，整个信息网络的构建是对实体物理网络的抽象结果，如金融信息系统是搭建在一整套网络系统设备之上，在终端、网线和服务器上保存和传递的信息集合，社会信息的传播也是以电视网、广播网和传输卫星等载体为根本基础。第三，认知域存在于人的主观世界中，其一切要素都基于"人"这个物理实体而存在。由此可见，信息域和认知域实际上都是从物理域中抽象出来的，或者说都是建立在实体领域之上的虚拟空间。

另一方面，信息域和认知域的要素对物理域要素具有一定的反作用能力，认知要素和信息要素的变化作用于客观实在要素，在现实社会中得到反映。第一，信息通过改变人的认知而影响金融主体的行为，如虚假的公告报表或内幕消息能够驱动投资者进行交易，对金融信息的分析处理决定金融主体对当前形势的判断和下一步行动。第二，金融网络的异常将传导至物理领域，如信息传输问题会导致银行、交易所等金融机构难以正常运转，一些病毒程序会给硬件设备造成破坏。第三，认知域中的决策将直接作用、反馈到物理空间，不论是个人认知的决策还是集体认知的决策，都会以指导行动的方式对物理域产生影响，改变相应实体的质、量、位置等基本状态。

可见，物理域、信息域和认知域组合而成的空间并非是分散、割裂的；相反，"三域"在空间构成上相互叠加、相互耦合，共同构成了金融安全博弈的三维空间。

第二节　金融安全博弈的作用途径

攻击途径是发起方在金融安全博弈的空间内为实现目标而采取的攻击行动必然遵循的可行路线。从实际意义来看，攻击途径就是按照某种机理、借由一定工具和作用通道来实现攻击目的的一套规则，其中最为重要的三个要素是机理、通道和工具，只要将这三个要素逐一明确就能够确定金融安全博弈的一条攻击途径。从抽象意义来看，也可以从另一种角度来解释攻击途径的概念。可以将每一条攻击途径看作是博弈空间内的一个子集，该子集内包含了方向相近的攻击向量，其意义如同网络安全领域常见的攻击向量（Attack Vector）概念，指的是黑客用来攻击计算机或者网络服务器的手段，是同时具有大小（Magnitude）和方向（Direction）的量，如 AJAX 跨站脚本攻击、XML 中毒、SOAP 消息的参数操作等等[76]。这些向量的方向体现在攻击的渠道（载体）上，而大小则表现为具体指令的威胁和破坏程度。借此概念，假如把金融安全博弈的"三域"空间比作一个立体空间，每一次金融攻击也就可以视为一个攻击向量，向量大小表示对对方金融体系的毁伤程度，由运用的攻击样式与技术决定；向量方向表示该次攻击在三个域中的作用权重值，实际上就是攻击遵循的途径。在金融安全博弈的空间全集里，方向相同或相近的攻击向量具有许多共同点，如攻击的工具载体、作用通道、作用机理等都基本相同，这些足够贴近的攻击向量组成的集合就代表一条攻击途径。

可见，研究金融安全博弈的攻击途径就是要明确金融攻击的攻击机理、作用通道和承载工具。其中攻击机理是为了实现攻击的功能，各种技术要素的内在工作方式以及在一定环境条件下相互联系、相互作用的规则原理。作用通道是对整个博弈空间的一种划分方式，如地面通道、海上通道、空中通道等，是对应陆、海、空部队实现行动和战术的抽象领域。而在金融安全博弈的"三域"空间中，作用通道可以理解为攻击力量能够抵达接触攻击对象的过程中经过的通路，一般来说通道和工具是一对一的"绑定"关系。承载工具就如同军事战争中的武器，是能够打到对方、造成毁伤的物质要素，不同的工具则对应着不同的机理和通道。金融安全博弈的空间分为"三域"，而各个域也拥有自身独特的性质、传递力量的通道和承载力量的工具。因此，可以依据金融攻击发起的领域对金融安全博弈的攻击途径进行分类，可以得到三条主要攻击途径：一是从物理域发起的资本攻击途径，使用资本工具在金融市场通道实施攻击；二是从信息域发起的网络攻击途径，使用代码工具在金融网络空间通道实施攻击；三是从认知域发起的认知攻击途径，使用信息工具在主体意识空间通道实施攻击。

一、从物理域发起：资本攻击

资本攻击是基于物理域要素，在一定的国际金融规则之下，通过攻击对方金融市场来破坏经济体系中的金融资本形成和流动。在马克思主义政治经济学视角下，金融资本是资本主义垄断条件下的工业资本和银行资本的深度融合而成的一种新型垄断资本，由银行资本家支配并由产业资本家使用。金融资本源于信用制度发展带来的大量货币资本集中，包括从产业循环中游离出来的货币和闲置中小资本。它以货币资本的形式存在，凭借货币的职能转化为产业资本投入生产中从而达到增值目的，再回到货币的形式返还给所有者。随着不断的资本积累和集中，金融资本所有者并不需要亲自去参与资本转化增值的过程，而是交由产业资本所有者去完成，金融资本所有者将直接按约定利息率获得资本增值部分。金融资本是资本发展的最高最抽象阶段，仿佛具有极大的"权力"，使得产业越来越依附于金融资本，最终产业巨头和金融巨头将相互交织合二为一，共同支配整个国民资本[77]。从现代西方经济学视角来看，金融资本是投资主体对金融机构出资形成的资本及其权益。它是发展现代市场经济必不可少的关键要素，其流动性和投机性催生和活跃了金融市场，成了为经济体系快速提供资源养分的"输血机"，对全球经济发展起到了至关重要的作用。根据会计准则，金融资本属于所有者权益，也就是经营的"本钱"，理应投入生产活动，而金融业的"生产活动"就是为资金融通提供服务。金融机构凭借信用中介职能将来自广大投资者的金融资本用于购买货币、黄金、外汇、有价证券等金融产品，在各类金融市场中进行交易达到融通资金的目的。

可见，无论是在政治经济学还是西方经济学范畴下，信用制度及其支撑的股份制是金融资本形成的基础[78]。金融资本是投资于金融业中以增值为目的的货币资本，依靠信用制度在虚拟市场中交易流动来实现货币资本的增殖回收，它的形成与流动能够对目标经济体的金融体系乃至整个国民经济产生深远的影响。

1. 攻击机理

资本攻击以对方的金融市场为主要攻击对象，使用以干扰市场稳定、阻碍交易达成、诱导资金流量流向等为特征的手段技术，以金融信用为突破口来破坏对方金融资本的形成和流动，从而削弱金融给对方经济体系的"输血"能力。

（1）资本攻击从"质"和"量"两方面减少金融资本的形成。金融资本的形成源于投资者对利益的追求，表现为金融业的货币资本增量，衡量方法是计算一个时期（通常为一年）内因投资获得的金融资产与失去资产之间的差额。资本攻击以降低金融资本的投资回报为中介目标，能够减少金融资本形成的"量"。金融资本以货币为计量单位，单位货币价值的变化将造成金融资本名义量与实际量的偏差，因此币值是决定金融资本实际量的关键。资本攻击以影响汇率为中介目标，能够降低金融资本形成的"质"。

（2）资本攻击以阻碍、扰乱、诱导等方式改变金融资本的流动。金融资本的流动是一个经济体内所有金融市场交易的集合，即各种金融产品的买卖双方之间大规模、快速以及无价值损失的交易，如货币资金借贷和股票、债券、衍生品交易等等。信用制度是金融产品可交易性的基础：代表未来收益的金融产品的所有者不需要一直持有至完成期限，而可以凭借代表信用的凭证将未来收益提前以交易的方式进行贴现。金融产品的交易让金融资本能够在不同的行业、不同的国家地区甚至于不同时空之间实现价值转移，这种资本流动大大促进了金融市场的繁荣与上涨，提升了经济体融通资金的规模和速度。资本攻击可以利用金融信用背后的风险机制，通过恶意做空行为引发金融市场动荡下行，降低金融资本流动的速度、规模和效率，从而使金融市场的功能衰退甚至失灵。

2. 作用通道

资本攻击以各种金融市场为作用通道。金融市场是资金、有价证券、外汇、黄金等金融产品交易场所的总称，是由许多不同市场组成的庞大市场体系。金融市场形成于商品经济高度发达的环境里，面对社会上的庞大资金需求与供给，具备信用中介功能的金融机构体系不断健全完善，派生出了丰富的金融工具和交易形式。可以说，金融市场的诞生是源于信用制度的发展，正是凭借信用的存在，资金的所有权和使用权才得以分离，使得资金能够作为一种交易对象在市场上买卖，这种买卖实质上是依托于信用的资金借贷关系，这是金融市场区别于商品市场、劳动市场等其他市场的根本特征。

金融市场主要包括货币市场、资本市场、外汇市场和黄金市场，前两者加在一起构成了本币市场，是经济体内部进行资金融通的主要场所。货币市场的特点是金融合约的期限较短，通常在一年以内，可以分为同业拆借市场、回购协议市场、商业票据市场、银行承兑汇票市场、短期政府债券市场、大面额可转让存单市场等细分市场；资本市场的特点是金融合约的期限较长，通常在一年以上，可以分为证券市场、保险市场、长期信贷市场等。这些金融市场是金融资本实现增殖过程的主要场所：一方面金融机构通过不断地投资金融产品获利来形成和积累新的资本，扩大增量；另一方面金融资本又根据套利、投机和保值等需求发生交易流动，盘活存量。

金融资本的形成与流动构成了金融市场的本质，而为了确保这种资本运动，金融市场也表现出一些特殊性质，使其更容易遭受有目的的资本攻击。一是虚拟性。在交易电子化之前的金融市场是一个有形市场，所有交易都需要实质的凭证交换来实现。随着数字化交易系统的诞生，市场逐渐迈向虚拟化，人们不需要再走进交易大厅以物易物，大量分散的交易主体利用电讯手段进行着大规模、快速、复杂的金融交易。这种虚拟性使得在世界各个角落的机构或个人都有条件接入目标金融市场，交易主体的不确定性和难追溯性无疑增加了潜在风险。二是波动性。金融市场具有价格发现功能，市场中交易的金融产品价格以价值为基础，受到交易双方供求关系的影响而波动，这种波动趋势是整个社会经济状态的晴雨表。其中，金融产品的价值由其收益率决定，预期变化、技术发展、突发事件、信息曝光等都会反映在供求关系上，最终影响价格。由于不可控的因素太多，金融市场上的价格波动是常态，而一旦这种波动趋势难以控制将引致极其危险的后果——"羊群效应"，市场主体不再信任手中的金融产品而大规模套现退出，造成挤兑、信用违约等系统性金融风险。三是联动性。由于货币资金是市场经济发展的第一推动力，以各种形式的货币资金为交易品的金融市场成为现代经济体系中必不可少的生产要素市场之一，同时也是联结劳动力、土地、商品等其他市场的关键枢纽。由此一来，金融市场的风险和波动会以多种方式反馈到其他要素市场当中，带动其他市场向相同趋势发展。凭借金融市场的这种核心联动作用，资本攻击能够透过金融市场将威胁辐射至整个经济体系。

3. 承载工具

根据根本性质的不同，资本攻击使用的工具可以大致分为"软""硬"两种，即"软"的货币政策工具和"硬"的金融工具。

货币政策工具是中央银行使用的以经济调控为最终目标的一系列手段做法，以调节货币总量和金融机构信贷供求为中介目标来达到相应的政策目的。在金融安全博弈中，发起方可以利用自身的货币政策工具对对方误导金融政策、冲击金融市场、限制金融交易等，从而达到破坏对方金融资本的目的，如货币政策工具的种类和形式丰富，根据其调节范围可以分为常规工具、选择工具和补充工具。常规工具就是中央银行的所谓"三大法宝"——再贴现率、存款准备金率和公开市场业务。它们能够对金融系统的信用扩张与紧缩产生全面影响，并通过国际金融市场传导至目标经济体达到资本攻击目的。选择工具是针对特殊行业或领域调节交易的工具，如证券市场信用控制、消费者信用控制、特别利率等，这类工具能够做到针对特定行业、机构和群体的交易调节。补充工具是对具体的金融业务进行直接和间接的控制，如对银行某项业务直接进行限制、引导，又或是对机构进行窗口指导、道义劝告来实现间接控制。这些有针对性的政策工具能够覆盖各个级别的金融主体，从而进一步发展成为各式各样的金融制裁工具，成为资本攻击的虚拟性"武器"，实现对对方金融资本的打击破坏。

金融工具是指货币资金需求方凭借信用从供给方获得资金时提供的确定双方权利义务的书面凭证，如商业票据、存款凭证、股票、债券等。它们随信用制度的发展而诞生和发展，体现了资金所有权与使用权的分离，将一般借贷关系转化为了金融市场中可交易的产品。金融工具是资金需求方的债务，同时也是资金供给方的金融资本，通过收取利息和交易利润实现增值。为了满足市场主体的多样化需求，金融工具不断发展形成了偿还性、流动性、风险性和收益性不尽相同的工具体系。一类是基础金融工具，包括现金、存款、股票和债券等；另一类是金融衍生工具（Financial Derivative），是从基础工具之中衍化和派生出来的一类特殊金融工具，着重体现了高杠杆、高风险和信用交易的特点，包括期货、期权、远期和互换等双边合约，其杠杆性、联动性和高风险性使之更容易影响金融市场的稳定。金融工具是资本攻击的实质性"武器弹药"，利用持有的金融工具在对方金融市场上有目的地实施交易，在一定条件下能够对单个市场甚至整个金融体系造成影响。

二、从信息域发起：网络攻击

网络攻击是基于信息域要素，通过在金融网络空间内攻击对方金融体系的信息系统和网络设施来破坏电子信息的存储、传输和处理。网络空间①，也被译为赛博空间，最早出现在 20 世纪 80 年代美国作家威廉·吉布森的小说《神经漫游者》中，是由控制论（Cybernetics）和空间（Space）两个词合并创造而来，吉布森将其描绘成"亿万人共同的幻觉"[79]。经过数十年发展，网络空间的概念也愈发成熟，是指建立在现代通信技术和大量的联网计算机基础上的庞大的虚拟世界，其中充满了由人类创造的图像、声音、文字、符号等各种信息要素[80]。很多领域都利用了网络空间的含义，特别是在军事领域，美国空军曾在 2010 年宣称，赛博（网络）空间是除海洋、陆地、天空和空间之外的另一个作战域。赛博（网络）空间对其他域的作战活动起到重要的支撑作用。时任国防部副部长的威廉姆·林恩提出了赛博战略草案，包括以被动防御、防火墙和软件补丁构成的多层赛博防御，以及涵盖数据窃取、破坏网络运行甚至物理设备的赛博进攻策略[81]。赛博战的概念就此应运而生，并成为各军事强国发展和建设的热点之一。从范围上看，网络空间不仅涵盖了计算机网络，还包括各种电磁能量（红外波、雷达波、微波、伽马射线等）的传输网络；不仅包含广域因特网，还包括金融业内部的专用网络，如与外部存在物理隔离的银行业务网络和电子支付系统等。网络攻击针对的是对方金融网络的软件系统和硬件设施，可以利用恶意信息代码入侵或实施攻击，以达到窃取、篡改信息和破坏硬件的目的。

1. 攻击机理

网络攻击以扰乱和破坏对方的金融网络空间的正常运转为根本目的，运用恶意代码、黑客技术、电磁干扰等技术手段改变、欺骗

---

①　本书中的网络空间概念指广义的"网络"，包括计算机网络、通信网络等，其概念范畴与赛博空间一致。

或破坏对方的金融网络系统和其中流过、贮存的电子信息。随着网络技术的发展，网络攻击还能通过改变电压、频率等手段将电子信息层面的破坏传导至物理设备层面，将作用范围从金融信息网络所处的虚拟空间进一步延伸至网络设施所处的物理域。根据采用的技术不同，网络攻击能够从以下四个角度来实现金融安全博弈的功能。

（1）破坏金融信息的保密性，引发信任危机。金融网络空间中的信息具有极强的私密性，其中蕴含着高价值金融情报，对于个人隐私保护和金融市场稳定具有重要意义，意外信息泄露将导致金融主体对金融体系的信任坍塌，继而影响金融活跃程度和市场稳定，因此现实中的金融机构往往要通过层层加密来防止任何未经授权的信息泄露。网络攻击攻破信息加密环节可以在攻击对方金融网络的同时为己方提供重要的金融情报信息，以此为中介目标的具体方法有信息拦截、TEMPEST 技术①、社会工程、数据推理等。

（2）破坏金融信息的完整性，造成交易混乱。通常情况下金融信息的缺失和错漏将会导致相关交易产生偏差，未经授权的信息篡改将会给实体金融市场造成混乱，如将一笔交易金额从 100 万元修改成 1000 万元，由此带来的信任危机和纠错成本远比泄露这笔交易本身的结果更为严重。金融网络攻击可以实现对已存储信息的远程篡改或者截获网络中的信息流加以修改，以信息完整性为中介目标的具体攻击方法包括窃取口令、中继攻击、会话劫持等。

（3）破坏金融信息的可用性，消耗系统资源。即使金融信息满足了保密性和完整性要求，但若是不能被正常访问和使用，也会造成金融网络无法正常运转。基于带宽和处理器资源的有限性，实施

---

① TEMPEST（Transient Electromagnetic Pulse Emanation Surveillance Technology）技术是电磁环境安全防护技术，包括对电磁泄漏信号中携带的敏感信息进行分析、测试、接收、还原以及防护的一系列技术。

网络攻击可以通过消耗网络带宽、挤占存储空间、消耗处理器资源等方法阻止正常访问，以此为中介目标的具体方法主要是拒绝服务攻击、垃圾邮件攻击等。

（4）破坏金融网络运行的可控性，造成局部瘫痪。金融网络的体系结构是在一定规则下设计的，包含了一系列网络硬件、软件、协议、存取控制和拓扑的标准，这些标准赋予了网络可控性。而在系统设计的具体实现或安全策略上往往存在缺陷，形成可能被利用的漏洞危害系统运行。网络攻击针对系统架构中的错误和缺陷进行破坏，能够对软件运行造成破坏甚至是给硬件设备造成毁伤，并进一步通过金融网络拓扑结构造成传染和连锁反应，瘫痪重要网络节点和局部金融网络。以网络运行可控性为中介目标的具体方法包括网络蠕虫、网络协议攻击、污染域名服务器缓存数据等。

2. 作用通道

网络攻击以金融网络空间为作用通道。当前，金融领域以信息技术为代表的科技革命正不断推动金融业向移动化、数字化和智能化加速发展，引起金融理论与实务发生了根本性变革，信息化、网络化已成为现代金融的重要特征。金融信息化为网络攻击提供了关键的基础：现代信息技术应用于金融领域的运营及管理等流程，促进了金融信息资源的深入开发和利用，给金融行业带来了更高效率和更强活力的同时，也发展形成了以金融有线网络和金融无线网络构成的金融网络空间。金融网络空间是由搭载在计算机网络中的金融业数据、文字、声音、图像等构成的虚拟空间，由全球经济体的金融信息网络叠加而成，凭借信息网络之间的互联性，绝大多数国家的金融机构都接入了环球同业银行金融电讯协会（SWIFT）的系统进行交易结算，也形成了庞大而复杂的全球金融网络。它能够打破时空的局限性，实现跨国家、跨期限的快捷、标准化、自动化金融交易，从而大大提高了金融信息的传递速度，也使各国金融网络之间的连接日趋紧密。

从金融安全博弈的视角看，金融网络空间之所以能够成为金融攻击的作用通道，是因为其兼具面对随机故障的鲁棒性①与面对蓄意攻击的脆弱性，即在随机的外部冲击下表现出足够的稳定，但一旦关键部位受损则会迅速传染导致系统全局性的崩溃。这种性质来源于金融网络空间的三个基本特征。一是无标度（Scale-free）。无标度是指各节点之间的连接状况（度数）具有严重的不均匀分布性，就像语言学中的 Zipf 定律②一样，各节点的重要性严重不均等，少数被称为 Hub 的节点对无标度网络的运行起着主导的作用。金融网络由结算中心、交易中心等少数关键部门连通着大量的金融机构，对整个网络的影响至关重要，而其余大部分节点却只有很少的连接，是典型的无标度网络。无标度使得金融网络整体具有很强的容错性，但是对基于重要节点的针对性攻击抵御能力相当差，攻击者能够通过攻击很少的高度数节点而使网络迅速瘫痪。二是小世界（Small World）。小世界是指网络的特征路径③的长度小，任意两个节点通过少量的节点便能发生关联，但聚合系数④高，相邻两个节

---

① 鲁棒性是指控制系统在一定（结构，大小）的参数摄动下，能够维持某些性能的一种特性。

② 1935 年由哈佛大学语言学家 Zipf 提出，可以表述为：在自然语言的语料库里，一个单词出现的次数与它在频率表里的排名成反比，只有极少数的词被经常使用，绝大多数词很少被使用。

③ 在网络中任选两个节点，连通这两个节点的最少边数定义为这两个节点的路径长度；网络中所有节点对应的路径长度平均值，定义为网络的特征路径长度，是网络的全局特征。

④ 假设某个节点有 k 条边，用实际存在的边数除以最多可能存在的边数得到的分数值定义为这个节点的聚合系数；所有节点的聚合系数的均值定义为网络的聚合系数，是网络的局部特征。

点之间的圈子重合度高，如一个人的朋友们之间也是朋友关系的程度高。小世界金融网络中的个体只需要通过邻近的机构网点等简单几步就可以连接一个数据处理中心，进而依靠该中心的强大辐射能力与其他个体产生联系。由于所需环节少，信息能够实现高速传递，但缺点也很明显：只需要改变与某个中心有关的连接，就足以使网络的性能发生巨大的变化。三是核心外围式。核心外围式是指网络由数个多连接的核和大量少连接的外围节点构成，又称分层式网络。金融网络是典型的核心外围式网络，其稳定性主要由关键金融机构（核心）决定，它们对整个网络的稳定性和系统性风险的发生有着举足轻重的影响。

3. 承载工具

网络攻击的工具是代码。代码是由计算机开发工具支持的语言编写的一组由字符、符号或信号码元（数字通信中承载信息量的基本信号单位）以离散形式表示的信息。代码是一个非常宽泛的概念，涵盖范围很广，所有软件、程序、协议、数据都是以一段代码的形式存在于网络空间中。因此，代码是网络空间的软件基础，也是信息在网络中传递的唯一载体，它最大的功能就是经过程序员的编译将人的信息翻译成为计算机可执行的二进制指令，从而在网络中传递、处理和存储信息。网络攻击使用的代码工具主要有两种。一是报文（Message）。报文是以一定格式组合起来的一串代码，内含将要发送的完整的数据信息，是网络中交换与传输的数据单元。在网络中，报文是多个系统之间通信的必要载体，如从商业银行的企业服务总线（ESB 系统）到网关系统再到银联结算系统都需要金融报文。报文并不会直接对网络空间造成破坏，但故意发送大量报文来提高网络负载则是分布式拒绝服务攻击（DDOS）的常用手段。二是病毒程序。病毒程序是攻击者在程序中插入的破坏目标功能或者数据的一段恶意代码，兼具有隐蔽性、传播性和破坏性。病毒程序一旦感染金融网络的某个终端，就会像生物病毒一样具有自我复制和传播能力，能够把自身附着在各种类型的文件上，当文件被复制或传输时，恶意代码就会随同文件一起蔓延开来，对整个金融网络造成大范围感染和破坏。2017 年在全球肆虐的"WannaCry"勒索病毒就曾入侵世界多家银行系统，最终造成大量的财富损失和广泛信任危机[85]。

三、从认知域发起：认知攻击

认知攻击基于认知域要素，通过影响人的认知过程来诱导其采取特定的金融行为，引发系统性金融风险，从而破坏对方金融体系的稳定性和可控性。近年来，随着人类对大脑的感觉、思维和潜意识等心理活动规律的研究深入，认知领域被看作是未来战争中夺取主动权的关键领域。一般意义上来说，认知域的作战是通过对对方人员理解客观事物的认知过程进行干扰或误导，以此掌握整个战场态势和心理趋势的主导权，达到攻心夺志、"不战而屈人之兵"的效果。金融是与当事者的心理活动高度相关的行业领域，金融市场主体对形势的认识理解和判断将对其个人的金融行为产生关键影响，倘若持有相似观点的金融主体群体足够庞大，将会引发社会上的"羊群效应"从而改变整个市场的走势。例如，著名的荷兰"郁金香事件"①、资本市场和房地产市场的暴跌崩盘，都是在特定的市场环境下由群体中的个人认知引致的行为模式。可见，人的认知过程与金融市场稳定性之间具有重要联系，这也正是金融安全博弈范

———————————

① 17 世纪中期郁金香从土耳其引入西欧，随后开启全民炒作的热潮，价格一路飙升，直到 1637 年 2 月 4 日郁金香市场突然崩溃，随后六个星期内其价格跌幅达到 90%。这是人类史上第一次有记载的经济泡沫事件。

畴下实施认知攻击的逻辑基础。

1. 攻击机理

认知攻击以干扰、误导对方金融市场上主体的认知过程为着力点，使他们对金融形势作出不正确的感知、判断和决策，进而引发"羊群效应"造成金融市场上的恐慌和异动，破坏对方社会金融稳定性。认知攻击能够通过两种方式达到金融安全博弈的目的。

（1）利用信用风险机制引导金融市场行为。信任、风险与社会偏好是人在认知过程中重点关注的信息。在金融领域，表现为金融主体更多地关注一个交易行为是不是能够有保障、遭受损失的可能性以及社会习惯的约束。经济学一直拥有"理性人"假设，认为信任是一种能够有效降低交易成本、提高经济效率的"理性计算"。行为金融学认为，信任就是在没有任何法律保障的条件下，委托人能够自愿地将财富交给代理人去处置。委托人在信任代理人的同时具有良好的期望，认为代理人的行为可以达成委托目的，但背后却也暗藏着最终没有达到目的的潜在风险。信任与风险的核心关系是：如果代理人值得信任，则信任给委托人的效用将大于风险的负效用；反之则会使风险的负效用大于信任的效用，这种情况下委托人将会改变自己的金融行为。根据这种机制，认知攻击能够通过挖掘、制造、散布金融代理人（通常为金融机构）的负面信息来显著提高其风险指标，使得拥有金融资本的委托人改变原有的或者计划中的委托投资、交易行为，以此弱化整个金融体系的信任链条及其稳定性。

（2）编织市场下行的信号制造"羊群效应"。英国经济学家凯恩斯曾经研究过投资中的群体行为[83]，他的"选美理论"解释了这一点：一个人如果想在选美比赛上猜中冠军从而获得奖金，他不会猜自己认为最美的人，而是选择大家心中最美的人。可见，当个人判断与大众认知发生冲突时，人们的逐利心理会引导自己下意识地去跟随大众。这样的从众心理可能是一种莫名甚至荒谬的情绪，但在投资领域却切实存在着，也是市场行情波动的重要因素。随后，一些经济学家采取实验方法研究金融主体之间的相互影响机制，进一步验证了群体表现出来的看法、准则和观点会对个人的思想造成重要的影响，"羊群效应"理论应运而生。该理论抛弃了传统金融理论中主体决策行为理性、独立、随机的基本假设，认为投资者的行为是受到其他人影响，相互学习模仿产生的，这种人与人之间的从众心理将导致行为偏差。再加上金融市场中的"信息瀑布"现象，即信息不可能同时到达所有人手中，使得无信息者偏向于利用公共信息来决定金融行为，从而展现出一定的群体行为特征和决策偏好。利用这种机制，认知攻击可以通过炮制、散布行业虚假消息和市场崩溃讯号等方法向金融主体发布决策信息，改变他们的金融决策，同时诱发"羊群效应"，造成金融市场急剧下行，从而带来全社会的危机恐慌。

2. 作用通道

认知攻击以金融市场中自然人的认知过程为作用通道。认知与情感、意志共同组成人的心理过程，即知、情、意。人是认知过程的必然主体，每个人都会接收到来自外部的信息，在头脑中进行加工处理后形成内在的心理活动，并融入情绪情感等主观体验，进而产生意志动力来支配行为。在心理过程的三个方面中，认知过程是人通过感觉、知觉、记忆、思维和想象来获得和加工外来信息，用以认识客观事物的过程；情感过程是人评价一项客观事物是否符合自己的看法而产生主观态度的过程；意志过程是人为了实现自我的行动目标而付出努力去完成的过程。三者相互联系、相互制约、相互渗透，并且在时间上具有延续性，认知是情感和意志的基础和前提。

金融市场的主体有金融机构、政府、企业和居民等各类参与者，他们以个人或组织为单位参与金融活动，但无论其在交易中扮演何种角色，无论是领导者控制下的集体决策还是个人决策，最终决定金融主体行为的基本单位只能是自然人。可见，金融的社会属性决定了人在其中的核心地位，认知攻击能够从影响特定的人直至覆盖金融市场上的所有主体，进而从深层次左右市场的正常运行。具体来说，金融安全博弈可以通过攻击人的认知过程来发挥作用，主要基于三点原因。第一，认知过程依赖对外界信息的获取。信息是认知过程的必需要素，它将客观物质世界与人的内心世界联系起来，是认知过程的源动力。信息的来源、传播途径和内容直接决定着人对其表述的客观事物的认知，一旦遭遇信息欺骗、信息进攻，信息获取的"源头"被干扰，个体的认知就一定会偏离客观实际，继而影响全社会对事物的整体认知结果。第二，认知过程能够导致行为非理性。传统金融理论持有理性人假设，即以自身的利益最大化为目标，这就要求人具有无限的认知能力，能够计算出所有情况下的利益最大化解，这显然与实际情况不符。美国经济学家阿罗（Kenneth J. Arrow）曾提出有限理性的概念，指出人在经济活动中虽然试图保持理性，但信息不完全和认知能力的有限性总是会影响人的判断和决策，这些认知过程会导致普遍的市场行为偏差。第三，认知过程能够影响市场信心。市场信心是所有金融参与者对风险收益及其未来趋势的主观判断的叠加。市场信心弱，则公众对风险的承受能力差，倾向保守交易以避免损失；市场信心强，则公众对收益期望度高，表现为市场繁荣高涨。作为一种总体性心理预期，市场信心对市场的流动性、效率和稳定至关重要，它反映了每个人对于风险收益的判断和期望，这种判断和期望就起源于认知。因此，市场信心既来自每个人的认知过程，又回过头来影响每个人的认知过程，就像一只无形的手在引导着市场主体的金融行为。

3. 承载工具

在金融主体的认知过程中，信息的本体是一切认知活动的源泉，从信息本体中抽象得到的逻辑信息是参与人的感知、判断、决策活动的必需要素。如果将这种逻辑信息比作认知攻击的"弹药"，那么信息本体就是搭载认知攻击"弹药"的"武器"。虽然信息本体的种类繁多，但认知攻击依托的信息本体必须具备源头易控制、传播易扩散、内容易操纵等性质，以此判断认知攻击的主要工具是权威媒体消息、金融市场分析报告、重点自媒体广播等多种载体形式的金融信息实体。

信息本体作为认知攻击的主要工具，其本身就在金融体系中具有不可替代的地位。一方面，信息是金融市场的主要驱动力。资产定价理论通常假定市场的参与主体都具有获取一致信息的能力，然而现实中的市场信息对于不同类型的主体存在着明显的差异。有些人总是能够比别人更早更多地得知信息，即使所有的信息是完全公开的，不同的主体也会产生不同的认知理解。公开信息是对资产的一种不带倾向性的客观描述，主体还会尽可能地寻找其他信息来佐证自己的判断，这个寻找信息的过程和结果都因人而异，因此会使得具有不同知识背景的金融主体对资产价格作出不同的判断，从而促进市场交易行为的产生。另一方面，信息是市场信心形成的关键基础。市场信心是主体对当前和未来市场形势的乐观积极的认识和判断，是人们在接收客观的经济数据信息基础上，运用自己的知识对信息进行研究加工的结果。正如信息经济学的观点，信息可以通过引导人的行为来发挥资源配置的作用，人在经济活动中有意无意接收到的大量信息将会成为自身的行动指南。因此，市场信心来源于大众对信息的理解，这不仅取决于信息的数量和可靠性，还取决于人们自身的知识结构以及判断能力。市场信心不是一成不变的，大众会利用各种方法对既往信息与最新的信息进行合成加工，努力确保对于市场形势作出最合理、最及时的判断，因而市场信心的程度会随着新信息的加入而发生改变。通常能够影响市场信心的信息可以分为两种。一是定期公布并且获取难度低的确定性信息，包括已公开的财政、货币政策和宏观经济数据等，是市场信心形成的根本依据和决定性因素。二是无法预知并且获取难度大的不确定性信息，包括国际性突发事件、国内政局变化、经济危机爆发等，是市场信心短期发生剧烈波动的关键因素。

第三节　金融安全博弈的基本样式

金融安全博弈的攻击样式是金融安全博弈在其作战环境内表现出来的攻击形态，也是人们在现代金融发展和金融安全博弈的实践活动中，运用有关科技成果所创造的，以现代信息、金融技术为核心的金融攻击的物质手段和有关知识技能之总和。从来源上讲，金融安全博弈的攻击样式是从金融安全博弈的作战需求出发，经过吸纳、改造、综合、创造各项金融技术和其他攻击技术而形成的独具特点且专门用于金融攻击的样式方法。从结果上讲，攻击样式是金融安全博弈在物理、网络、认知三种途径中的具体表现形式，不仅包括在以往金融安全博弈的实践中出现过的样式，还包括依靠现有理论和技术能够支撑且可行的新样式。

从以上概念来看，金融安全博弈的攻击样式首先可以根据攻击途径分为资本攻击的样式、网络攻击样式以及认知攻击样式三类，若进一步地细分可以在国内外文献基础上梳理为九种基本攻击样式。其中，资本攻击的样式主要参考了卢周来、卡茨、任泽平等关于金融安全博弈样式的观点，以攻击工具的性质为划分依据，分为以政策指令为工具的金融制裁、以外汇为工具的货币投机攻击和以金融资产为工具的三种资本市场做空样式；网络攻击的样式主要参考了保罗、亚娜和安德鲁提出的针对电力基础设施的网络攻击三种方式①，以攻击目标的类型为划分依据，分为金融系统组件攻击、金融网络协议攻击和金融网络拓扑攻击三种样式；认知攻击的样式主要参考了卢周来、马修·杰克逊等关于金融和社会网络的观点，以攻击对象及方式为划分依据，分为制造媒体偏见、炮制虚假信息和"智能帝国主义"三种样式。基于现有认识，这九种攻击样式基本涵盖了金融安全博弈"三域"空间内常见的攻击手段。

一、金融制裁

金融制裁是指利用政策工具对对方特定个人、机构、政府等金融主体采取冻结或没收金融资产、拒绝金融服务、禁止投融资等强制行为的攻击样式。金融制裁是经济制裁的一种特殊形式，也是一种完全由政治主导的强制力量，旨在"以压促变"实现核心政治目的，为此甚至不惜牺牲经济利益来逼迫对方停止或撤销特定的行为。金融制裁的具体手段有：以行政命令要求国际金融机构冻结对方金融主体（机构或个人）的金融资产；官方停止原有的双边援助与借款政策协议；要求所属或第三方金融机构禁止向对方输出资本；强制关闭对方进入国际金融市场的通道，等等。可见，金融制

---

① 保罗、亚娜和安德鲁在《网络战》一书中提出针对国家电网的网络攻击分为组件方式、协议方式和拓扑方式。其中组件方式主要攻击电网基础设施的特定部分；协议方式主要用于破坏传输电网信息的协议；拓扑方式主要针对拓扑结构可能攻击的多个目标和造成的连锁反应。

裁以体现国家意志的补充性政策工具对特定金融机构的业务实施直接或间接控制。这种强制命令或要求并不是万能的，如果国家金融实力不足又或金融机构趋于规避的话，金融制裁就难以有效实施；在实施中如果针对对象不够准确，也难以达到预期的制裁效果。因此，金融制裁的运用应当建立在三个基础条件之上。

一是实施"聪明制裁"提升制裁效果。"聪明制裁"也称定向制裁，是针对全面制裁而言的一种更具针对性的施压方式。与全面制裁的对象范围笼统、自下而上传导截然不同的是，"聪明制裁"将攻击对象直接瞄准特定的个人和机构，力求避免制裁措施殃及无辜群体，即"聚焦"；通过设定制裁时限和解除制裁的明确条件，留下谈判互动的余地，能够根据态势变化及时调整力度，即"灵敏"。在实践运用时，"聪明制裁"理念是金融制裁的逻辑基础，金融制裁依托政策工具，能够在操作上体现灵活性、敏捷性，表现为制裁对象、时机、强度、措施都能够近乎实时地调整，使得金融制裁在烈度上可轻可重，能够像"精确制导武器"一样准确定位希望打击到的个体或机构，并因此被称为"最有效的经济制裁方式"[84]。

二是利用市场作用创造制裁动力。一般经济制裁的效果与制裁联盟的规模和团结性有关，参与制裁的盟友越多越团结，对方规避制裁的难度就越大。然而，由于各国具体情况不同，由单一的政府主导的多边制裁在合作与执行中都颇具困难。而金融制裁则在一定程度上发挥了市场的作用，依靠国际金融机构基于市场机制自觉地去执行制裁措施。在行政命令下，金融制裁的政策直接指向特定金融机构（如跨国银行），该机构会根据自身利益来决定是否执行制裁措施，如选择不执行将会被扣上"从事非法金融活动"的帽子而遭受市场的不信任和政府惩罚。在市场信任与利益的激励下，实施机构具有内在的执行动力，其执行力度甚至会远远超出金融制裁本身的规定。

三是利用货币金融优势夯实制裁基础。金融制裁很多手段的运用很大程度上依赖己方在全球金融体系中的地位以及本币在国际支付系统中的使用比重，拥有国际金融霸权将使金融制裁成为手中的独门利器。以美元为例，如美国前财长鲍尔森所言，美国财政部"能够有效地使用（金融制裁）是因为美国是全球金融体系的关键轴心，是全世界的银行家"，美国金融制裁的基础来源于"纽约作为全球金融中心的稳固性、美元清算交易的重要分量以及美国或其主要金融机构采取管制措施时产生的展示效应"[85]。凭借美国的金融实力和货币地位，一半以上的跨境资本流动以美元交易和清算。无论国际清算采取的是现汇转账或现汇交换哪种方式，只要涉及美元必然需要通过美国银行和美元清算系统，包括清算所同业支付清算系统、联邦电子资金转账系统等。这些机构都在美国政府的直接或间接管辖控制下，成为执行金融制裁的得力帮手。因此，只有在国际金融体系中比对方占据了绝对的地位优势，甚至在世界范围内拥有货币金融霸权，才能具备实施金融制裁的基础。

二、货币投机攻击

货币投机攻击是利用货币工具在金融外汇市场中蓄意做空一国货币的攻击样式。从金融安全博弈的发起者视角来看，货币投机通常是配合其他做空手段进行全方位、多角度的覆盖实施，做空的核心在于即期和远期外汇市场，外围还包括股市、债市、汇市以及舆论等各方面操作，主要目的是通过使对方货币的汇率发生波动来破坏货币的价值尺度职能，动摇实际金融资本的价值衡量体系，造成通胀或紧缩给整个金融体系带来震荡影响。一是即期外汇市场做空。通常要在目标经济体内部和离岸货币市场中预先"埋伏"，利用伪装和杠杆交易不断地借入对方货币，在持有量达到预期之后选择在某一时刻发起抛售，大规模卖空交易将会造成市场的恐慌情绪，在"羊群效应"的驱使下货币持有者将会跟风卖空，令汇率不断下跌。如果进展顺利，发起方只需要付出很小的代价在低位回购货币用于偿还本息，保留大量投机收益的同时还造成了对方货币体系的混乱，继而引发其内部的一系列恶性经济金融问题；如果情况不顺，外汇市场没有出现如预期的发展，则发起方可以按照先前约定以固定汇率购入并偿还货币，承担一定的利息损失。二是远期外汇市场做空。这种攻击样式类似于通过股指期货做空股市，都是利用了信息不完全下远期市场的导向作用，通常远期市场行情是由现货市场的表现决定的，但对于当前交易也具有不容忽视的影响力和反作用。远期外汇市场的交易构成复杂，不仅有外汇期货的标准化合约，也有大量的场外交易。这些金融衍生品杠杆高、风险大，还能够实现以小博大、"四两拨千斤"的效果，通过货币投机对衍生品市场的蓄意做空能够利用金融杠杆来进一步放大汇率波动、放大损失，从而起到放大金融恐慌的作用。三是多途径联合做空。从本质上看，尽管股票、债券和外汇市场的交易标的产品不同，但其内在的金融联系紧密，任何外部冲击对于单个金融市场的影响必将引起联动反应。正如外汇市场的行情会传导到股市、债市乃至楼市一样，其他市场的震荡也会加剧外汇市场的恶化。因此，从多角度多途径出发对对方多个金融市场同时进行联合做空，能够取得事半功倍的效果，特别是当对方面临货币危机时，多途径联合攻击能迅速扩大市场恐慌范围，令其政府和中央银行同时面对外部威胁和内部混乱问题，增加应对和处置难度。

面对货币投机攻击，中央银行的应对策略通常包括市场和非市场的两类措施。市场方法是利用市场机制的间接有效措施，如调节利率、投入外汇储备干预汇率等，依靠市场自身的调节力量来实现目的的方法。这类方法的弊端在于可能引起负面的连锁反应，比如提高利率虽然能够抬高做空成本抑制外汇市场的投机行为，但也会收紧国内流动性，在股市、债市形成下跌预期，使经济情况恶化。非市场方法则是利用行政手段的直接有效措施，如外汇管制、调控金融市场等，依靠强制性约束力量来实现目的的方法。这类方法的弊端在于强制措施往往有很大的不可预知性，比如一旦宣布外汇管制，那些有交易需求的人利益受损，人们无法判断下一步还会有什么措施、自己还会损失多少，容易加剧市场的恐慌情绪。可见，对于货币投机攻击的应对方法没有完美的最优解，就像"不可能三角"原理一样，资本自由流动、独立货币政策和固定汇率制三者不可兼得，必须有所取舍。因此，这种需要权衡资本市场价格、经济和汇率市场表现的实际困境难以让对方货币管理机构迅速有效地找到应对策略。一个典型例子是 1997 年的香港金融保卫战，国际货币投机者对香港股市和股指期货市场实施了大规模做空，随后矛头对准了港币，在短期外汇市场上抛空港币来吸引政府抬高利率，而真正的目标则是利用高利率引爆股市的恐慌情绪，通过股市、期货市场和外汇市场的联动做空获得了巨额利润。此番投机行为的结果是 1997～1998 年期间港币的货币基础总结余仅剩下了数十亿港元，对香港的经济影响十分深远。

三、资本市场做空

资本市场做空是指利用股票、债券等金融工具在对方资本市场上利用做空机制对标的资产或股指期货实施恶意做空的行动。资本市场是中长期（一年以上）资金借贷融通活动的市场，涉及资金期限长、风险大，是反映国家经济的晴雨表，在金融中占据"牵一发而动全身"的中心地位。资本市场的大幅波动和震荡会破坏金融体系稳定性，造成系统性金融风险，不仅会给资本流动造成阻碍，还会损害整个金融信用体系。做空机制是资本市场普遍存在的一种信用交易机制，理论上有利于帮助市场发现价格、挤出泡沫、保证流动性，但也给恶意做空提供了土壤。针对资本市场的恶意做空以制造、夸大和扩大市场看空预期为特征，采取虚假交易、自我买卖、资本勾连等手段，目的是扰乱金融资本流向、破坏市场稳定。

资本市场做空的具体操作方式有三种。一是信用交易融券卖出。己方投入大量金融资本以缴纳保证金的方式向对方资本市场的做空中介大量地借入标的资产（股票或债券），选择适当时机在短时间内集中抛售该资产，带动市场跟风行为，到期后以低价买回等量的标的资产连同利息归还给中介金融机构。二是股指期货做空。己方在期货市场缴纳保证金来大量卖出以对方股票价格指数为标的的期货合约，利用股指期货走势来扩大资本市场主体的看空预期，到期后再买入相应的标的合约来对冲平仓。三是制造空头交易假象。依托自身持有的大量资本，通过自买自卖的方式进行对敲，或采取联合多家机构大量挂出空头交易单进行压盘，扰乱资本市场价格、引导行情趋势、躁动市场情绪，使资本市场逐渐失去稳定。

在对资本市场恶意做空的过程中，对方资本市场中的中小交易主体将陷入十分被动的局面，他们缺少信息来源，习惯跟风行为，既不具备左右大盘的能力，也无法在急剧下行的市场中将资产脱手，由此带来的恐慌情绪令其极易构成社会的不稳定因素。从这个角度延伸来看，资本市场做空不仅能够扰乱破坏对方的资本市场和信用体系，还能够在一定程度上给对方造成社会政治压力。

四、金融系统组件攻击

金融系统组件攻击是指运用网络攻击技术对对方金融系统中的组件进行攻击破坏的行动，主要目的是利用信息域与物理域之间的映射关系，破坏金融信息系统的数据存储、处理等环节，影响整个金融系统的稳定性和可控性。

金融系统组件是运行在金融行业网络中运行的金融信息系统的一组功能构成元件。从金融信息系统的构成来看，功能模块是从逻辑角度对系统进行拆分得到的单元，包括处理功能模块、传输功能模块、计算功能模块等；组件则是从物理角度对系统进行拆分得到的单元，包括处理器组件、存储器组件、管理组件、传输组件、用户接口组件等等。这也意味着系统组件攻击是从信息域发起，但实际作用的对象却融合了信息域与物理域，既是为了破坏某一项系统功能的实现，又表现为针对设备终端等物理目标的行动。金融系统组件攻击的实施方式主要有两种。一是掌握系统权限后篡改金融数据。主要是利用伪造身份信息、系统后门漏洞等途径远程窃取金融网络终端或服务器的权限，在未获得授权的情况下对所存储的数据信息进行部分改变、删除，延迟或篡改，造成数据混乱，如变更数据修改权限将"允许 A 执行操作"改为"允许 B 执行操作"从而引起一系列连锁反应。二是植入病毒代码攻击系统硬件。主要是利用某些病毒的恶意加密功能，如"永恒之蓝"勒索病毒，采取远程植入、实地植入等方式将病毒代码注入对方的金融网络终端，依靠病毒的复制和传染能力对金融行业网络进行感染扩散，对系统组件实施加密、锁定甚至烧毁，使得硬件设备无法正常运作。

五、金融网络协议攻击

金融网络协议攻击是指利用网络攻击技术借由金融行业网络的

安全协议漏洞进行针对金融信息安全的一系列破坏行动，主要目的是破坏对方金融行业网络的信息采集、存储和传输，造成金融系统的失控、混乱甚至瘫痪。自互联网诞生发展以来，有关网络安全性的问题始终非常突出，技术人员为实现数据的安全交换而制定了一系列的安全协议标准，如常用的 IPSec 协议、SSL 协议、S/MIME 协议等等，并依然在不断地改进、完善和衍生。网络安全协议的用途广泛，除万维网以外，各个行业领域的网络也会采取符合行业特点的安全协议。而金融行业网络一般会采用加密性、安全性更高的协议，这些协议可以为两个金融单位之间的通信往来进行安全认证，以确保信息传输过程中数据的保密性和完整性。然而，尽管协议的机制设计越来越严密，却仍然不能保证绝对的安全，大多数网络协议都曾经被曝出缺陷和漏洞，试图入侵的黑客们已经利用这些漏洞开发出了相应的攻击工具，如利用协议缺陷的 SSL 版本回转、基于 PKI 机制的证书替换、DNS 攻击以及特定的算法攻击等等，此类攻击手段与工具层出不穷。

　　金融网络协议攻击的具体实施方法包括针对数据链路层信息安全性和信息完整性的攻击手段。一是分布式拒绝服务。分布式拒绝服务即 DDOS（Distributed Deny of Service）洪水攻击，通过欺骗和伪造源 IP 地址的方式，利用处于金融网络中不同位置的多台机器同时向一个金融机构发起攻击，使目标服务器塞满了请求回复的无效垃圾信息，极大地消耗目标的网络带宽和系统资源，最终导致目标的超负荷瘫痪而无法处理正常的金融业务，利用这枚阻塞金融信息流动的"血栓"来达到破坏整个金融网络功能的目的。二是中间人攻击。中间人攻击是一种通过身份伪装来潜入到目标网络中的隐蔽攻击。所谓中间人就是一台被控制的"间谍"终端，利用安全协议漏洞将这台终端接入金融行业网络，且在逻辑关系中位于两个目标节点之间，再将自身伪装成一台正常终端开放端口连接。由于不主动发起攻击，中间人的存在很难被对方察觉，而两个节点之间的通信数据都要经过中间人的读取再转发，必要时还可以对金融数据信息进行截留、篡改甚至删除。三是"水坑"攻击。"水坑"是一种被动式的陷阱攻击，要求在分析对方金融网络信息流的基础上，在一些金融数据信息的必经之路（如某一中枢节点设备）周围设置陷阱，将恶意代码植入陷阱终端内，从而起到对金融信息流的骚扰、阻滞和截获作用。

六、金融网络拓扑攻击

金融网络拓扑攻击是指运用拓扑分析技术掌握对方金融行业网络的拓扑结构，再利用攻击技术对系统脆弱性节点进行定点干扰、瘫痪、远程劫持控制等行动，目的是干扰对方金融系统关键节点的正常运转，造成整个金融网络功能的失控紊乱。参考互联网的有关概念，金融网络拓扑应当以金融的自治系统（Autonomous System, AS）为基本组成单元，一个 AS 就代表一个单独的可管理的金融网络单元（如一组具有特定功能的联网设备），再以 AS 之间的光纤链路为边组成一种物理布局。网络拓扑以图的形式展现了金融系统中多个机构之间的相互关系，也能表现出各个 AS 对于整个金融网络的重要性。

金融网络拓扑攻击的实施主要依赖三项技术。一是具备"观察"功能的拓扑信息采集技术。对方金融网络的拓扑信息包括路由信息、子网信息、存活主机信息等。当前一些网络技术手段已经能够分析互联网中的拓扑信息，如 VisualRoute 能够自动分析网络连接结果并呈现在世界地图上，提供图形化的路由节点信息，还有一些技术产品以 SNMP（Simple Network Management Protocol）协议为基础实现对 TCP/IP 网络拓扑的完整发现等。而金融行业内网也需要开发出相应的工具对整个金融信息节点和链路的形态做出描述，以便分析识别出主要的脆弱性节点。二是具备"重点突破"功能的单点攻击技术。根据对对方金融网络拓扑结构以及鲁棒性分析，根据 AS 节点重要性确定攻击优先级，继而使用"网络数字大炮"、拒绝服务攻击、信息窃听等方式来发动单点攻击，使得金融网络中的特定 AS 节点失效。三是具备"整体毁瘫"功能的多点攻击技术。在分析确定了目标优先级的基础上，可以对大量节点采取自下而上随机攻击，抑或是自上而下的蓄意攻击。随机攻击指的是从网络拓扑的所有 AS 节点中完全随机地选择一部分发动攻击，而不用考虑节点的大小、功能、优先级等属性，具有执行难度小的优势，还可能获得意外的效果。蓄意攻击是根据预先掌握的情报、先验知识和算法技术选择一部分优先级高的 AS 节点发动攻击，在整体打击效果的期望上优于随机攻击，但优先级高的节点往往安全措施也更加严密，执行起来有更高的难度。虽然有着不同的侧重点，两种攻击策略的最终目标都是使网络中的部分节点同时失效，从而导致金融网络的大面积毁瘫，影响网络功能的发挥。

七、制造媒体偏见

制造媒体偏见是指通过渗透、买通、引导等方法利用对方主流媒体或第三方权威媒体的信息渠道来刻意传播倾向性的金融行业信息，包括揭露行业内幕以及负面消息的行动，以此来影响大众对金融市场的认知，持续引导金融活动主体的预期。攻击的目的是通过认知偏差造成市场价格偏差，降低资金融通的效率并定向打压某些行业企业。媒体偏见又称媒体偏颇或新闻偏见，原意是新闻主播、记者、评论员等媒体工作者因为某些原因而没有秉持客观公正的立场和态度，向公众发出了失之偏颇的报道评论。可以说媒体偏见是普遍存在的，金融领域的媒体偏见体现在主流金融媒体对行业、机构和企业的报道有可能掺杂主观倾向，只需要在用词上稍加调整、信息传递上选择性遗漏、表达上添加额外的语气就能令读者、听众、观众得出媒体想要的结论。2014 年，21 世纪网被曝出向企业客户收取新闻"保护费"的丑闻，他们通过公关公司招揽和物色那些有潜在需求的企业进行商谈，若该企业愿意交纳好处费，就会在与之相关的报道中多表达正面意思；若企业不愿交纳费用，则在报道中多用负面词汇来要挟和敲诈[86]。这种基于自身利益的偏见报道行为造成了许多优良金融产品价格低于实际水平，而一些劣质资产却被不明真相的市场交易者捧在手心的情况。

制造媒体偏见是运用周期和时效较长的攻击样式，针对的对象是对方经济体中对己方实现核心目的有威胁的特定行业和重点企业，主要实施方式是通过渗透、买通特定媒体的信息源头（如记者、内容编辑），使其在发布特定行业或重点企业的相关信息时突出负面消息，降低该行业、企业的市场信任度，减少金融资本向其流动。比较特殊的一种制造媒体偏见的方式是利用国际信用评级机构来实施的。穆迪、标准普尔和惠誉是美国著名的三大信用评级机构，它们对一些金融机构及其产品的投资风险进行等级评定，供金融市场决策。一般而言这些评级机构的意见堪比金字招牌，足以引领国际金融资本的动向。而对于美国来说，只需要在评级过程中附加一些倾向性，就能让其他国家陷入评级陷阱，债务的降级甚至可能会给一国金融造成毁灭性打击。

媒体偏见并不等同于虚假信息。一是本质不同，媒体偏见本质上是基于真实信息的筛选与加工，其内含的倾向性比虚假信息更难于判断和甄别；二是实施难度不同，对于一些权威主流媒体来说渗透和买通有影响力的发言者十分困难，特别是想让第三方的权威媒体发布编造好的虚假信息，其难度要远远大于让其在报道中加入一些倾向；三是实施主体不同，媒体偏见是利用主流权威媒体发声，看重的是媒体渠道对金融主体的影响力，虚假信息是利用广泛的社会传播网络如互联网、自媒体等多渠道发声，看重的是传播源头的隐蔽性和环境的复杂性。

八、炮制虚假信息

炮制虚假信息是指通过多种渠道向对方金融体系中的金融主体散布虚假、负面的金融参考信息的行动，借助金融主体在认知过程中出现的情绪化和意见分歧化的力量来扰乱金融市场情绪、动摇金融市场信心。攻击的目的是对对方金融体系的稳定性造成冲击，阻碍资金融通的正常功能。随着计算机网络的蓬勃发展和自媒体的普及，整个互联网成了每一个个体之间信息交换、相互影响的巨型传播网，金融主体可以更便利地通过各种渠道快速找到公开的金融信息，并且越来越依赖这种传播网络中的信息来决定自己的金融行为。由于金融信息传播速度快、对自身利益影响大，信息接收者为了最大程度获得利益或减少损失，往往经过简单的判断信息真伪就急于采取行动。在这种情况下，对于大量缺乏足够甄别时间和能力的普通金融市场主体来说，虚假消息就可以乘虚而入，影响金融主体的行为决策。一旦由虚假信息大范围扩散形成网络舆情，其造成的金融主体情绪化将带来金融市场的异常波动。

根据行为金融学观点，人具有有限的理性，在发生金融行为时往往会受到感觉、情绪等因素的影响，从而作出不完全理性的决策。多数金融市场是"弱有效"市场或"半强有效"市场，信息在一定程度上是不完全的。一方面金融主体很难从每天海量的相关信息中分辨和捕捉对自己有用的部分，只能在片面信息的支持下实施交易；另一方面真假难辨的庞杂信息需要耗费大量的时间去甄别和分析，使得信息参与决策的过程缺乏时效性。信息不完全导致市场中常常出现不合理的交易现象，由此造成的市场情绪和意见分歧会对整个市场的稳定性带来负面影响。炮制虚假信息的技术立足于行为金融理论，通过针对对方社会构建基于社会网络舆情的大众情绪指标和意见分歧指标，推导和估计特定的金融市场情绪带来的攻击效用影响，以此来掌握和定制虚假信息的源头、目标、途径和烈度，从而实现有目的地对对方金融市场稳定性的冲击。

虚假信息实际影响金融市场稳定的案例层出不穷。2013 年，名为"叙利亚电子军"的黑客团体"劫持"了美联社的社交账号，并发布了一则美国遭恐怖袭击的虚假消息。该消息立即在资本市场上得到了反馈，标准普尔和道琼斯指数应声下跌，最高跌幅达 0.98%，这一事件也引得美国参议院重新审视社交媒体政策[87]。现实中大量类似的例子可以看出炮制虚假信息的手段对于对方金融市场主体认知的诱导干扰作用发生快、传染快、影响深，这种认知上的诱导直接影响了大量市场主体的金融行为，并且引发了强烈的市场负面情绪，最终对特定股票甚至市场大盘造成了波动和震荡。

九、"智能帝国主义"

"智能帝国主义"在金融安全博弈中是指通过挖掘、操控对方关键人物的金融资产信息，用以胁迫、利诱其改变当前的态势认知和决策结果的行动，目的是操纵对方的政治决策，在敌对问题上进行妥协让步，以实现己方的核心政治目的。2008 年，著名美国战略家兹列格涅夫·布热津斯基提出了"智能帝国主义"（Intelligent

Imperialism）的概念[88]，他认为美国应当采取一系列新的对外政策，在维护战略利益的选项中优先选择隐蔽的破坏干扰来替代成本高昂的军事打击，运用"不那么直接与明显的暴力方式"渗透目标国家的政治经济系统。具体行动有：通过投资、金融、能源领域掌握控制目标国的战略资源命脉；通过各种途径拉拢、腐蚀、贿赂主要政治人物培养高层"利益代言人"；操纵网络舆论和主流媒体对目标国的政府进行妖魔化宣传；联络目标国内的反政府势力策划分裂颠覆活动；怂恿、挑唆代理人或利益相关国在目标国周边制造紧张局势或挑起冲突，等等。可以看出，"智能帝国主义"体现的是一种软实力的运用技巧，充分利用掌握的高新科技和资源渠道来达成战略目的，更多地追求"借刀杀人""不战而屈人之兵"。

从金融安全博弈的角度来说，"智能帝国主义"的主要攻击手段是利用高层政治人物与贪腐高管的金融账户信息，诱迫其按己方的利益和目的行事，甚至造成政治权力的更迭。"智能帝国主义"的实施可以从"明取""暗夺"两种途径入手。"明取"就是利用国际金融影响能力要求特定的国际金融机构为己方开放信息端口，直接获得将标的账户的隐私信息；"暗夺"就是利用信息挖掘和网络攻击有关技术撬开信息的保险箱，从而发起一场指向精准、"兵不血刃"的金融安全博弈。与传统的帝国主义相比，"智能帝国主义"实施的根本目的和属性都没有改变，只是形式上更灵巧、更具伪装性，进攻效能更强。

现实中，美国是这一手段的始作俑者和集大成者，在"阿拉伯之春"和"颜色革命"中都曾利用这种方式推波助澜，加速了局势的变化。美国在"9·11"事件之后开始以反恐为名干预国际金融机构，对环球同业银行金融电讯协会（SWIFT）施压，要求其对全球8000余家银行机构进行交易监控，把敏感信息提交给美国以确保切断恐怖分子的金融命脉。2008 年金融危机之后，美国又以打击避税为名干预他国金融机构，要求"世界上最安全"的瑞士银行向其提交了 4000 多个隐私账户的信息。在美国的持续施压下，如此要求建立了固定的机制。2013 年瑞士议会上院通过了银行业向美国税务部门移交客户保密信息的法案[89]，这意味着美国利用金融情报对政治人物的要挟和敲诈将更加如鱼得水。

第 五 章

金融安全博弈流程体系

金融安全博弈的流程体系是构成金融安全博弈理论的一个重要部分，也是推动理论研究向实践延伸跨出的必要且关键一步。从流程的特殊性来看，金融安全博弈与军事博弈等其他斗争形式在主要步骤、运用力量、指挥控制和支撑技术等方面都有着很大区别，应当在金融安全博弈的流程设计中得以充分体现。本章紧密结合金融安全博弈的发展趋势，重点参考了伯伊德 OODA 环的概念，并借鉴了美军一体化金融行动的有关流程模型，创新性提出了以 OODA 为基本框架的金融安全博弈流程体系，包括 4 个阶段共 12 项基本流程，并从任务执行层、技术支撑层、要素保障层三个层面分析了各个流程阶段的具体支撑环境，为金融安全博弈理论向实践的跨越奠定了基础。

第一节　基本构想

金融安全博弈的每一个步骤实施都来自对抗双方的决策过程，而双方的行动也能够通过多种渠道介入和影响对方的决策循环，在这个方面，金融安全博弈与传统的军事作战并没有本质上的差别。

目前，伯伊德的 OODA 环等决策理论已经广泛用于军事问题研究，帮助人们更加深入地理解了军事作战的一系列决策过程，为作战理论的创新提供了重要的思路。在此基础上，将这一理论延伸至金融安全博弈之中也将颇有意义：基于 OODA 环的理论概念建立金融安全博弈的流程体系，能够抽象地概括出金融安全博弈的基本流程、阶段任务，并进一步明确该流程的核心技术、组织机制等重要支撑环境，构建起连接金融安全博弈理论与应用的重要路径，为金融安全博弈理论应用筑牢坚实的实践基础。

一、OODA 环理论

20 世纪 80 年代，美国空军上校、军事战略家约翰·伯伊德提出了 OODA 环理论，即以 Observation（观察）、Orientation（判断）、Decision（决策）、Action（行动）构成一个循环的决策分析模型[90]。该理论来源于他对美国空战人员的心理和行为过程分析：在一对一的空战对抗较量中，飞行员第一步要通过各种渠道来发现敌人的位置或者察觉到敌人的动作；第二步是根据观察的结果以及自己的经验和知识技能来迅速调整自己的应对姿态以及朝向，实际上是对形势进行了符合自己条件的判断；第三步是定下行动的决策，是将先前所有的观察和判断结果进行集中思考后制定自身的对抗行动策略；最后是将前三步形成的决策付诸实施，并且在计划动作完成后继续进入下一个循环周期的观察步骤。与此相同的，飞行员的敌人也会经历相似的过程，而最终的空战胜利者是成功完成每一个循环周期的用时更短的一方。OODA 环理论突破了传统冲突理论的"回合制"思维方式，并因此大量应用于军事作战问题研究之中，美军就曾将这一理论用于制订作战计划、研制武器装备以及信息化作战指挥系统 C4ISR 的设计中。更重要的是，OODA 环理论不仅为军事决策的系统化、科学化提供了重要支撑，还被民间广泛用于描述和解释商业对抗、企业管理等领域中的决策模式，可以说但凡涉及人与人之间的对抗竞争，就能有此理论的一席之地。

伯伊德的研究认为人类在作出理性决策的过程具有一些共性特征，无论是个人决策还是组织决策，都可以将之描述为 Observation – Orientation – Decision – Action 四个行为阶段的循环过程，每一个 OODA 环就代表一个决策周期，处理一个事件或实施一次行动则需要一个或若干个决策周期来完成。他研究提出"谁能以最快的速度应对变化，谁就能活下来"[91]。根据这一观点，人与人之间的博弈、较量乃至斗争对抗中的制胜关键就在于分析当事双方各自完成一个 OODA 环的相对效率，胜利的一方总是具有更快速度和更高准确性去完成自己的 OODA 环。其实现路径可以通过提升己方效率和阻滞对方效率两个角度来看，一方面，可以通过提高己方的反应速度、传输速度、判断能力和协调能力来最大限度地缩减有效流程时间，尽力"绷紧"己方的 OODA 环；另一方面，可以通过快速反应和行动来介入到对方的环中，最大限度地增加其执行流程的时间，尽力"松弛"对方的 OODA 环。如此一来使得对方每一步行动都会迟于我方、迟于形势的变化，让其不仅在正面对抗中时刻落于下风，还会引发心理上的迷惑、慌乱甚至恐惧，造成物质和意志上的双重打击。

OODA 环最先被用于军事领域来分析作战的取胜机理，但因其对于人的决策过程分析具有很强的一般性和普遍性，该理论渐渐被更多领域接受和使用，如在商业竞争、企业管理或者学习比拼中，成为一套重要的竞争决策理论。OODA 环在理论的创新性上有三个突破。一是该理论开创了一套研究决策形成的新范式。以 Observation – Orientation – Decision – Action 构成闭合回路的理论模型，最大限度地将人的所有决策要素都纳入了范围，这一范式的严谨性和普适性强，研究者可以轻易将不同领域范围内的要素进行对照归类，从而在该框架内得出有用的结论。二是该理论突出了决策敏捷性的重要地位。OODA 环包含的是竞争对抗的双方一系列不断交互影响的心理和行为过程，在其机理阐释中突出了决策"快人一步"是取胜关键。这一观点具有很强的现实意义，厘清己方 OODA 环中的效率影响因素，把"绷紧"环作为第一目标就能够实现比对方更敏捷的决策，为取得胜利提供了一条具体路径。三是该理论的模型分析兼具定性与定量的优势。伯伊德认为判断（Orientation）阶段是 OODA 环中最为关键的一个环节，观察（Observation）获得的大量信息需要经过分析判别才能成为决策参考，该过程需要丰富的先验知识与经验知识对目标的影响因素作定性分析，进而建立定量模型对数据和信息进行处理，两者相结合能够提升判断结果的科学性、可信性以及实际价值。

二、金融安全博弈 OODA 流程框架

在 OODA 环的逻辑框架下，金融安全博弈的流程也可以描述为以观察、判断、决策、行动四个阶段的顺序实施为一个单元的循环迭代过程，每个阶段环节分别对应一个功能模块，分工明确而又紧密衔接从而推动金融安全博弈的实施。OODA 环在用于竞争决策时并没有实际区分进攻与防御的角色，每个参与者都从观察开始，不论是观察客观的环境还是观察对方预先发起的进攻，"先发"与"后发"并不会改变决策形成的过程。为突出研究重点以及减少重复分析，在此以从主动进攻的视角来设计金融安全博弈的流程，并基于 OODA 环构建金融安全博弈的流程框架。

在流程的设计中，美军联合司令部 2010 年发布的《一体化金

融行动指挥官手册》（*Integrated Financial Operations Commander's Handbook*）为此提供了重要的借鉴。一体化金融行动（IFO）是美军提出的一种以金融手段实现军事目标的作战方式，具有两项主要作用：一是以资金援助来分化对手的民意支持，二是有助于摧毁对手的金融网络。手册中明确了美国军方人员执行 IFO 的组织方式、流程步骤、制度和管理模式，并由军队和地方专家共同开发了 IFO 的流程模型。该模型将美军的 IFO 分为六个步骤：一是需求有效性和预期效益评估，用于确定金融行动是否满足军事需求，以及对总目标的贡献程度与可持续性；二是确定资金来源，为行动确保资金支持；三是确认行动需求，为决策者提供方案建议；四是确定执行主体，选择最优的团队和方案实施；五是执行监督管理，确保行动遵守各项监管机制；六是结果评估，监测评估资源消耗以及目标实现情况。这六个步骤实质上涵盖观察、判断、决策和行动的内容，并且在形式上更符合金融的特点，有很大的借鉴意义。

　　紧跟着多域耦合、复杂性的金融安全博弈 3.0 发展趋势，将美军的 IFO 流程模型与 OODA 环进行有机融合，并结合上文的金融安全博弈机理、攻击途径和样式等分析结论，可以将金融安全博弈划分为数据搜集、态势可视化、识别脆弱点、人工金融系统、金融安全博弈方案拟制、计算实验、方案评估、人机混合决策、指挥控制、资源调配、团队执行、效能评估 12 项基本流程。将 12 项流程按性质和顺序划入 OODA 四个阶段，就表现为"2 + 3 + 3 + 4"的体系结构，各流程按顺序执行一次就构成金融安全博弈的一个流程循环。如图 5 - 1，可以将金融安全博弈的基本流程进行以下简单描述。

　　观察阶段：金融安全博弈开始后首先进入观察阶段的数据搜集流程，通过目标特征刻画、动态变化监测和内部运行状态搜集而得到金融安全博弈的基本信息数据基础；紧接着将进行态势可视化流程，运用计算机图形和图像处理等技术将信息数据以更加直观的形态展示出来，便于人工识别与分析。

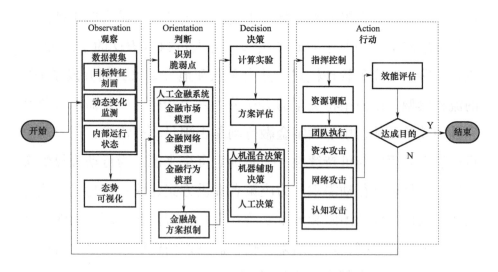

图 5 – 1　金融安全博弈 OODA 流程框架

判断阶段：首先需要完成对目标金融体系的脆弱点识别步骤，在掌握日标金融体系的全部特征、脆弱点以及可视化态势后，就具备了建立一个与目标平行存在的人工金融系统的基本条件；随后建立人工金融系统的模型体系里应当包含金融市场模型、金融网络模型和金融行为模型，意在覆盖金融安全博弈的资本、网络和认知攻击途径；最后在人工金融系统的判断下完成博弈方案拟制。

决策阶段：首先将上阶段形成的方案带入人工金融系统中进行大样本多路径的计算实验；随后在反复多次实验中作出方案评估；最后对方案评估结论进行由机器辅助决策和人工决策相结合的人机混合决策。

行动阶段：首先将金融安全博弈的决策方案纳入指挥控制系统。随后进行执行方案必需的资源调配流程，将各类资源协调分发至具体的攻击执行团队来执行；紧接着由各领域执行团队按照方案计划和资源来实施行动；最后要对行动效果进行整体的效能评估，确认是否达成金融安全博弈目的，如果达成了目的则此轮金融安全博弈结束，如果没有达成目的需将结果反馈回到观察阶段开始进入下一个循环。

三、金融安全博弈流程的支撑环境

金融安全博弈流程的顺利实施必然依赖特定的支撑环境，从由表入里、由现象到本质的思路来看，金融安全博弈流程及其依赖的环境要素可以分为三个逻辑层面来分析，分别是任务执行层、技术支撑层和组织保障层。一是任务执行层。任务执行层包含了应用层面的要素，包括主要流程的任务、对象、目标以及总体要求，体现的是金融安全博弈流程中各个阶段完成的主要事件及其约束条件，这一层面所有要素都是为了确保每一阶段流程能够实现其阶段性的功能而存在。二是技术支撑层。技术支撑层包含了方法层面的要素，是任务执行层中抽象出来的虚拟层面，从技术角度对如何实现各个流程的功能做出说明，是将可供利用的资源要素按一定的科学规律和方法整合形成金融安全博弈实战能力的关键所在。技术支撑层涉及的要素既包括为实现流程功能需要解决的科学技术难题，也包括具体解决这些问题的方法和手段。三是要素保障层。要素保障层包含了各种保障层面的要素，是流程执行时依赖的组织执行机构、物质资源等保障要素的集合，为金融安全博弈提供基础的应用资源，主要分为组织、资源和机制三个方面。其中组织要素是相关流程的执行机构的组织构成、主要职能及人力资源需求；资源要素是相应流程对生产生活资料、财富资本等物质资源的需求；机制要素是各种要素资源为了满足整体功能而必须遵循的结构关系和运行方式。

从上文来看，金融安全博弈流程支撑环境的三个层面分别对应和解答了安全博弈的各个阶段流程要做什么、用什么方法做、如何保证能做好等基本问题，为确保流程的顺利执行以及相互之间的衔接连续提供了基础环境和保障，也是设计构建一套能够独立执行的金融安全博弈流程体系必须研究和破解的问题。因此，在对金融安全博弈流程体系之中各个阶段以及具体过程的分析中需要将支撑环境的要素按类别逐一明确，为具体流程的落地实施奠定重要基础。

第二节　金融安全博弈观察（Observation）框架

观察是金融安全博弈流程的首要阶段，也是最为基础的阶段。在战争的迷雾之下，由于对抗双方行为的不可预测性，仅凭先验知识而不掌握实时的态势信息去判断和决策就等于蒙上了双眼，完全失去了塑造态势和临机应变的战场主动权。因此通过观察阶段的一系列流程来获取对方的特征信息和感知整个的环境态势是顺利实施金融博弈的必要前提，这一阶段对于整个流程体系的执行具有不言而喻的关键性。

一、任务执行层

流程1：数据搜集。数据搜集的对象是与金融安全博弈有关的多源、大量且复杂的信息数据，也是金融安全博弈后续所有流程的数据来源，因此需要建立在强大的情报侦察和分析能力的基础上。具体地看，根据搜集信息的类别与目的不同可以将数据搜集的过程分为三项子流程。一是目标特征刻画，主要是对对方金融体系特征有关信息的搜集，为绘制金融地理态势图和金融网络拓扑图建立数据基础。主要搜集一段历史时期内的目标金融体系的金融市场交易数据、金融市场主体行为规律特点、金融网络的分布结构以及金融制度等静态数据，力求全面精准地反映目标金融体系的特征。战场情报是金融博弈空间（物理域、信息域、认知域）的环境信息和双方实力信息，反映的是金融安全博弈双方"对阵"、部署和态势。二是动态变化监测，主要是运用监测手段对敌我双方实时变化的情报信息进行动态掌握。这些信息有对方的宣称目标、威胁信号、公众舆情等反映对方目的、决心的政治情报，对方正在进行的金融系统调整和金融安全博弈准备等金融情报，以及双方金融对抗的实时环境信息、"对阵"情况及态势变化等实时情报。三是内部运行状态，主要是对己方金融安全博弈流程内部产生的信息进行收集，以掌握各流程环节的运转情况并及时做出应有调整。从信息来源角度看，内部运行状态信息是完全来自己方的反馈信息，这类信息是己方流程环节产生的、对流程执行和决策有影响的信息，包括各级非直接指示和控制信息、决策的外部性影响信息、行动中的内部反馈信息等等，能够反映己方在金融安全博弈流程实施中的"健康"情况。

流程2：态势可视化。可视化是信息数据能够用于人工分析和决策的重要基础，能够极大地提高人工处理的效率。金融安全博弈的态势包含了双方金融体系特征、力量部署、行动轨迹等重要信息，本身包含大量的复杂而抽象数据，不能直观高效地去认识。可视化的过程是运用计算机图形和图像处理等技术将数据以非量化的、更加直观的形式呈现出来，便于人工识别与分析。这一流程内应当完成对两个金融体系视图的绘制，包含金融机构地理分布、静态的区域经济信息和动态的金融轨迹信息的金融地理态势图；包含金融网络设施位置、各节点和链路功能信息、金融网络的拓扑结构绘制的金融网络拓扑图。两张视图的绘制能够实现金融态势可视化，能够帮助参谋和决策人员快速识别和掌握博弈场信息，更好地发挥人工判断、决策的作用。

观察阶段的任务目标是通过观察金融安全博弈的敌我形势来为后续流程提供必要的标准化、可视化的数据支持。因此，对于各个流程执行情况的总体要求是要尽可能地为后续流程提供参考信息资源，重点要体现在三个方面。一是信息数量尽可能多。信息数量是数据搜集的最基本指标，金融安全博弈涉及多域环境、多重主体，信息渠道众多且形式各异，有声音、数据、图像、文件等等，带来的后果是可被观察的信息总量巨大，需要不断地扩大信息搜寻和获取能力，信息量越接近总量上限一分，就能使决策的准确性越提高一分。二是信息质量尽可能高。应当对所有信息进行初步筛选以提高信息资源质量：注重及时性，以高频率的信息搜索实时动态更新；注重准确性，以技术手段排除冗余错误信息的干扰；注重可用性，以统一的信息采集框架来归类整理数据。三是信息处理尽可能快。整个阶段包含了对所得信息的获取、整理、初筛和传输过程，其中的关键性指标是效率，由于信息量大且复杂，第一阶段的流程耗时比重偏大，加快信息搜集和处理效率能够直接带动整个流程体系的加快运转，绷紧 OODA 环。

二、技术支撑层

观察阶段所需的技术支撑建立在两个重要的技术问题的破解上。第一是基于公开信息的金融基本信息数据挖掘算法问题。金融基本数据一方面具有机密性，涉及对方经济体金融稳定的数据往往处于高强度机制的防范下，获取难度大；另一方面则具有开放性，借助一般金融信息披露制度和宏观统计数据，大量有用信息埋藏在公开信息之中。构建相应算法是实现金融数据挖掘的技术基础，能够对公开信息进行分析处理以获得有价值的数据。需要重点研究不同种类金融主体、市场中信息数据的特征与演化规律，建立满足模块功能的大数据处理机制，实现数据口径标准化、分析自动化、态势可视化。第二是复杂网络视角下金融网络的鲁棒性问题。现代金融体系是多要素构成的典型非线性复杂系统，而金融网络承载了复杂系统的信息交换任务，必然呈现复杂性的特征。对金融网络特征的分析与刻画必须考虑网络的鲁棒性，分析找出鲁棒性的指征及其关联事件是掌握金融网络特征的重要条件。这方面需要研究覆盖对方经济体主要金融市场的多层金融复杂网络结构，分析以基础设施的分布、联系为脉络的网络拓扑结构演化机制；研究在外部摄动下目标金融网络的鲁棒性变化规律以及临界点。

为了解决上述问题，构建起支撑观察阶段的技术体系，需要从金融数据处理和网络特征分析两条路径完成技术突破。一是目标金融体系数据处理技术。数据处理基本目的是从大量杂乱、看似无用的数据中抽取并推导出对项目有价值有意义的数据，包含采集和分析两个阶段。数据采集方面，主要研究通过网络爬虫等技术手段对目标股市、汇市、债市等主要公开市场数据的收集，对金融机构、企业和家庭的财务和交易信息的抓取，以及相应的数据集成和存储方案；数据分析方面，重点研究金融风险导向下的数据价值特征及相互关系，制定标准化数据口径、脏数据过滤机制，以及数据库构建技术。二是金融基础设施的网络拓扑分析技术。金融基础设施是开展现代金融服务必不可少的硬件支持，连接着系统中的每一个部分，是金融体系的核心支撑框架，能够反映金融体系的重要特征。因此需要立足金融对抗需求，重点研究金融基础设施的探测、识别和特征分析，突破金融网络拓扑结构探测、基于深度学习技术的金融业关键基础设施识别、基于超图理论的金融业多域网络拓扑结构分析等技术，实现对对方金融网络空间的战略底图测绘。

三、要素保障层

组织方面，观察阶段流程的执行组织为"一机构两中心"。"一机构"是指挥决策机构，是由负责金融安全博弈最高指挥控制、全面领导各项工作的常设或者临时机构，可以根据战略需要而设置建立；"两中心"分别是金融安全博弈的数据中心和情报中心，是指挥决策机构管辖下的执行具体情报和数据任务的职能机构。从人力资源结构来看，指挥决策机构应当由最高领导人和财政部门、中央银行、军队的高级人员组成，负责执行金融安全博弈的总体指挥和最高决策任务，统筹协调各种金融安全博弈力量，具有组织指挥和统筹协调的基本职能。数据中心是拥有安全可靠的环境、完善的信息化设备和专业化管理的服务平台，依托国家级金融数据中心而设立的平战结合型机构，平时可用于民用领域金融数据服务，战时则承担传递、计算、展示和存储与金融安全博弈有关数据信息的相关职能。情报中心是拥有情报发现、情报集中、情报分析等功能的专业化侦察机构，必要时由军队情报部门和国家金融情报部门（如美国金融犯罪执法网络、英国国家犯罪情报局、中国反洗钱监测分析中心）联合建立，专门从事与金融安全博弈有关的事实、数据、信息、知识等要素进行搜集、加工和服务工作。

资源方面，观察阶段需要的物质资源主要集中在物理实体领域，包括信息的获取、分析、存储和传输过程中基本的硬件设施和载体。一是金融体系监控设施。这类设施通过复制、系统入侵、截获、网络爬虫等方式获取到数据形态的金融信息或者与金融安全博弈相关的多媒体信息。二是情报分析设施。这类设施包括处埋终端、超级计算机等专业设备，能够对海量的声音、图像、文字、数据等信息进行高速的、自动化的搜集分析判断，基于特定算法和超算技术来实现对目标特征的高频拟合比对，便于快速完成数据的标准化和可视化。三是数据存储和传输设施。这类设施包括存储器、处理器、传输电缆、路由终端等大量信息化装备，负责将所有观察到的信息进行存储和传递，是数据中心的基础设施。

机制方面，观察阶段的各种支撑要素之间应当具备三项运行机制来确保达成目标和满足要求。一是数据自动化采集机制。为了更好地满足信息数量多、质量高、速度快的基本要求，流程的执行效率高度依赖于情报系统的自动化信息采集能力，应当基于高速信息化设备，针对不同数据源采取自动检索、爬虫抓取、传感采集和日志采集等多种方法进行信息采集。二是情报共享机制。由于各种情报信息的表现形式、获取渠道、搜集方式都大不相同，如军用部门能够攻克难度较大的政治情报等信息，而民用部门则可以通过公开、半公开的方式搜集金融环境信息。另外，同样的情报对于不同部门和不同环节的价值也不尽相同。因此为了最大化情报价值和利用效率，在情报搜集时应当通过建立部门间的信息互通共管措施来促进情报的部门共享、军民共享。三是重要事件预警机制。在数据搜集中可能会遇到因客观条件变化或对方采取措施而造成的数据型异常事件和系统型异常事件，意料之外的事件可能对金融安全博弈流程的运转造成负面影响，因此需要预设一套多等级威胁信息的特征、响应机制和应对措施，以在重要事件发生时采取特殊应对方法加速或者放缓整个流程。

第三节　金融安全博弈判断（Orientation）框架

判断是金融安全博弈的整个流程中至关重要的信息处理与转化

阶段。上一阶段汇总的信息数据必须经过有效的分析和处理后成为有用数据，并基于这些数据和人的经验知识进行目标金融体系的建模以及仿真平台的构建，如此才能透过模型关系让大量信息数据转化为制订行动方案的依据。因此本阶段的各项流程需要完成将实时客观信息与主观经验信息结合，通过分析建模来将"虚"的信息转化为"实"的行动方案的过程，这也是金融安全博弈决策形成的根本依据和必要前置过程。

一、任务执行层

流程3：识别脆弱点。识别脆弱点流程是利用搜集来的各种数据来找寻对方金融体系的脆弱点，为随后的模型体系设计和人工金融系统提供方向和切入点。根据资源禀赋和经济发展路径、现状的差异，每个经济体的金融体系数据中都能够从因果关系、关联关系方面发现一些独一无二的脆弱性特征，既可能有金融体系建设方面的固有内在缺陷，也可能存在金融系统内各类金融风险的高危机构，还可能有金融网络中对整个网络功能具有关键影响力的脆弱节点等等，这些的脆弱点都对人工金融系统和模型的建立具有重要意义。从金融安全博弈的博弈机理来看，一次无目的外部冲击可能根本无法对一个成熟的金融体系造成多大影响，但对金融体系脆弱点的针对性金融攻击则可能就是致命一击。因此，需要用目标特征数据和动态变化数据与先验的典型数据进行比较，从而判断识别出目标金融体系的脆弱点所在，能够为建立人工金融系统奠定重要基础，也能进一步为金融博弈的方案制订指明方向和突破口。

流程4：人工金融系统。人工金融系统参照人工社会的理念[92]，建立在多 Agent 系统、计算机仿真、人工智能和社会、金融等多学科的综合运用之上，是一种对于复杂系统的自下而上的建模方法。

这一流程步骤将运用多 Agent 技术来模拟目标金融体系中的所有市场参与主体，利用家庭、政府、中央银行、银行系统、机构公司等之间的海量经济金融关联来建立模型体系，旨在建立一个基于计算机平台的与真实世界平行存在的虚拟金融系统，即人工的金融系统。一般来说，人工金融系统需要建立在大量的数据基础之上，并要结合已知的先验信息建立一套模型体系，再用计算机技术整合而成为能够在特定设备中独立运行的仿真系统。此处的先验信息指的是在金融博弈之前就已经掌握的经验认识、学科知识和资料，包括了理论机理的研究成果、以往案例的分析结论、以往行动和演习中积累的经验数据等等。先验信息体现了人工的重要性，这些信息既隐含着事物的客观规律，也与感情、文化、偏好等主观因素密切联系，是建模过程中人的必要性的体现。然而特殊的是，因金融博弈的空间、途径与样式存在于物理域、信息域和认知域的多域空间，金融博弈的模型体系也应当从多域层面来建立，符合多域融合的基本特点。因此，除技术以外，人工金融系统流程的核心任务就在于建立三个层面的模型体系：一是金融市场模型，包含金融市场交易主体之间的关联性模型；二是金融网络模型，是金融网络拓扑的节点链路之间的关联性模型；三是金融行为模型，是金融主体的行为规律以及相互关系模型。

流程 5：金融安全博弈方案拟制。金融安全博弈方案拟制是基于对敌我真实情况以及人工金融系统的分析判断，从预设的方案库中抽取适合的行动计划组成一项预想的行动方案。方案拟制的过程需要人机结合来完成，机器选择的过程主要是利用人工金融系统所产生的数据，而人工选择的过程则是基于上阶段的态势可视化流程基础上的人工判断过程。方案拟制流程应当具有敌我两个视角的判断结论。一是判断出对方的企图和可能行动。基于可视化图形分析对方金融体系特征、金融安全博弈实力现状以及背后的政治目标，判断对方要达到什么目的、是否有能力达到目的；基于人工金融系统分析对方可能采取的行动及其对金融毁伤的实际承受能力，预判对方的抵抗能力和反制手段，从而得到全面的分析结论。二是提出己方行动方案设想。在金融安全博弈制胜和毁伤机理的基础之上，将理论模型与对方的现实情况进行拟合，制订若干能够应对目前形势的、基于自身现有条件的方案以供决策选择，包含具体的目标、空间、时间、样式、运用力量等具体要素，为金融博弈的行动提供根本遵循。

判断阶段的目标是在对所有已知信息的分析基础上形成一套或多套可供决策的行动方案，其拟制方案的过程要求突出可行性、高效性、全面性。可行性是对方案制订的底线要求，现实可行对于任何行动方案来说都是最基本底线，要求制订的金融安全博弈方案在己方政治、金融、军事、技术等条件的约束下具有实际应用能力，从而将方案制订划归为一个条件极值问题，超出现有条件约束的"更优解"不具备任何决策意义。高效性是对方案制订的核心要求，是指在相同或者更短的时间里完成的任务数量更多、质量更高。在需要大量信息处理和计算的判断过程中，速度和准确度可以说是处于核心的指标，对于加速整个流程循环的作用也是举足轻重，要充分利用云计算技术、高速传输技术、人工智能分析及其他最新技术手段来提高方案的制订效率。全面性是对方案制订的最佳要求，全面性要求判断的过程需要通盘考虑各种已知因素和可能因素的影响，最大限度地利用人工金融系统的仿真数据进行人机结合分析，从而将遗漏关键信息的可能性降到最低，提升判断的科学性、准确性。

二、技术支撑层

判断阶段支撑技术的实现面临两个主要问题。第一是多域环境中金融攻击的致伤机理问题。金融安全博弈覆盖物理域、信息域和认知域叠加的多域环境，攻击样式以及工具的操控方式、致伤效果、运用策略都是崭新的研究领域。不同途径的金融攻击作用目的不同，最终造成的伤害效果也不同，明确其致伤机理是研究金融体系脆弱点以及利用人工金融系统进行仿真实验的必要前提。因此，需要研究不同金融攻击方式，或其组合运用对目标金融体系造成毁伤的表征及背后机理；研究特定金融市场的主体特征、交易特征；研究金融攻击对相关市场造成直接和间接损失的量化评价方法。第二是事件驱动的群体性金融行为特点问题。金融市场在正常运行中一般为信息驱动，围绕着金融信息的产生与处理而发生交易行为，但突发的外部事件会改变这一平稳状态。金融攻击正是强加于目标金融体系的外部事件，由此造成的市场波动与羊群效应是金融攻击的理想目标，发生的条件和原理的研究必不可少。需要研究不同金融市场中的各类主体对于外部事件的非线性响应机理，及其如何造成金融行为的集体突变；构建特定风险压力下金融主体的群体性金融行为动力学模型；研究央行、政府、金融机构、企业和家庭等不同金融主体的事件响应行为的形成及互动机制；群体金融行为的涌现放大造成引致风险的形成机理，以及金融行为在不同金融市场之间的联动传染规律。

为解决以上问题，需要依次破解三项具体支撑技术。一是金融脆弱点识别技术。应当从金融系统主体的关联性出发，构建金融风险的测度、预警和控制模型，形成跟踪金融风险产生、传导、预测的方法体系，从中识别和定位影响整个系统稳定的重要节点，明确系统鲁棒性和脆弱性的形成机理。二是金融攻击的致伤技术。金融攻击与毁伤之间的关系研究是开发金融武器、支撑金融攻击的核心依据。其中，资本攻击应当依托金融理论与实操技术来研究汇率、利率、做空、热钱等金融冲击对金融市场的致伤技术；网络攻击应当依托计算机网络和复杂理论研究系统组件攻击、协议攻击、节点瘫痪等致伤技术；认知攻击应当依托金融行为和传播模型研究谣言攻击、信息爆破、评级陷阱等致伤技术。三是精细化的金融攻击策略生成技术。金融攻击策略是一系列攻击原则、方法与行动的集合，也是金融博弈拟制方案的核心部分，应当立足于全部数据和模型体系，运用智能化人机混合的方法确定最优攻击策略，更准确地选择介入时机，更高效地匹配生成行动方案，实现攻击对象、样式和技术的精细化。

三、要素保障层

组织方面，判断任务主要由金融安全博弈的参谋机构来完成。参谋机构的主要职能就是根据情报信息来拟定和组织实施各项行动计划，为指挥决策机构提供指挥协助和咨询建议。从人力资源构成上看，参谋机构内根据具体职能可以进一步拆分为两个小组，由各自专业方向的人才队伍组成。一是计划小组。计划小组主要由具备丰富金融专业能力和一定军事素质的参谋人才构成，该部门的基本任务是汇总来自数据中心和情报中心的各种信息数据，通过比较分析、经验分析和模型分析等方法掌握与目标金融体系的脆弱点，在已有的金融安全博弈样式库中将各项指标进行多重匹配，得到一组或多组与目标特征相符合的行动设想，最后在行动设想的基础上加入指挥、时间、保障等要素拟制金融安全博弈的方案。二是仿真小组。仿真小组主要由计算机仿真和运筹学专业技术人才构成，主要担负人工金融系统的设计与实现，能够为后续流程创造出金融安全博弈的平行仿真实验环境，同时为计划小组的方案拟制过程提供必要的仿真模拟数据，用于改进或修正金融安全博弈的方案。

资源方面，判断阶段流程需要建成两个重要的系统以及配套软硬件设施。一是人工金融系统平台。人工金融系统是基于数据和模型建立的开放式仿真平台，实际上是在虚拟网络空间用数学建模打造的一个平行系统，充分复刻了目标金融体系的整个运行环境和状态，是金融安全博弈多途径攻击的仿真实验环境。平台配有一套必要的软硬件设施，能够根据目标金融体系的实时动态信息数据来修正人工系统的真实性，让金融安全博弈的仿真环境越来越"逼真"。二是金融安全博弈样式库系统。金融安全博弈样式库是将以"目标—手段—条件—效果"为基本要素的各种金融安全博弈样式整合为一个系统平台，核心功能是人机结合来生成金融安全博弈的方案，具备方案样式存储、数据指征匹配、智能选择等能力，应当基于金融安全博弈的攻击机理和实践经验相结合来确定每个方案中的所有要素，利用人工智能技术来提高样式匹配和方案选择的效率。

机制方面，判断阶段需要建立两项基本机制以保证各流程的顺利进行。一是人机耦合机制。人机耦合是人工和机器在处理同一事件的过程中相互联系和协同作业过程，人机耦合性越强，说明人工和机器在任务处理中衔接关联得越紧密，越能发挥出"1＋1＞2"的效果。在金融安全博弈方案拟制流程中，对大量信息数据的处理过程需要人和机器在分工的同时能够"互帮互助"：机器利用已达到实用门槛的人工智能技术，帮助人工解决计算密集型、感知智能型问题；人工在机器已处理结果的基础上，进一步完成机器无法处理的问题[93]。建立促进人机耦合机制能够充分发挥人工和机器在分析判断中的优点，大大提高处理效率。二是正向激励机制。正向激励是运用多种激励因素对人的积极行为产生正面强化作用，从而进一步提升积极性。由于判断过程需要对大量信息进行定性和定量分析，除定量分析主要依靠机器计算外，人工判断在定性分析中的地位举重若轻，由于判断的结果没有正确答案，往往受制于人的理论素养、经验阅历，甚至是感情态度，使结果偏离最优解。因此，在涉及人工判断的环节建立对人员的正向激励机制，将个人努力与绩效建立联系，有助于提升判断结果的客观性准确性。

第四节　金融安全博弈决策（Decision）框架

决策是金融安全博弈流程的核心阶段。上阶段已经利用数据和模型的比对产出了一组金融安全博弈行动方案，然而这些方案是否符合金融安全博弈的总体任务目标、是否具备可行性，还需要经过评估过程的检验判断，应当在仿真的环境下就方案可行性以及对目标的贡献度进行分析，确保将最优的方案付诸行动。因此本阶段将围绕已经建成的人工金融系统进行仿真实验，将人工系统作为一个金融安全博弈的实验靶场，将现实数据和预设方案在此靶场中进行大样本的计算实验，将计算得到的大量结果数据运用一系列指标和方法做出方案评估，以便于根据评估的结论来制订己方下一阶段的行动决策。

一、任务执行层

流程 6：计算实验。计算实验是一种基于计算机和数学模型的在人工系统中计算而替代现场实验的研究方法。通常来看，一种攻击手段的预期效果需要通过实验来验证，特别是在复杂的经济金融领域。早在 2002 年，美国经济学家弗农·史密斯就曾因创立实验经济学理论而获得了诺贝尔经济学奖。多年来，在计算机上通过模型计算的间接实验方式已经得到广泛运用，逐渐成为研究复杂系统的重要方法[94]。在金融安全博弈过程中，由于缺乏在对方金融系统中进行现场实验的环境条件，计算实验就为求解金融系统中的复杂关系以及攻击毁伤效果的最优计算提供了重要手段。计算实验是以人工金融系统为支撑，从上文中人工金融系统的构建方式来看，计算采用的模型体系不是完全从理论上对已知变量因果关系的刻画，而是借由大数据推理出来的相关关系的刻画，如此避免了因认知局限而造成模型失真。计算实验流程的关键是进行大样本反复实验，采用高性能计算平台使实验样本趋近于无穷大，能进一步提高结果的准确度和可信度。就像在一个靶场中测试新武器的威力一样，在人工金融系统中的大样本计算实验能够近乎真实地反映出攻击手段的效果和特性，为方案决策提供重要支持。

流程7：方案评估。方案评估是利用计算实验结果对备选方案的内容进行整体评估的过程，得到的评估结论将纳入后续的决策流程。客观来看，经过方案拟制流程确定的每一项备选方案都是基于当前形势判断的结果，在合理性上必然在某些方面有优势，同时在另一些方面有不足。方案评估流程的主要任务就是通过对备选方案的全面评价来审视各个方案的优缺点以及从各个角度做出排序，以降低金融安全博弈的决策风险，同时确保最优的行动结果。因此，方案评估不仅仅是对预期效果的评估，更应当全面考察方案的可行性以及对金融安全博弈的总目标的贡献度。方案评估的指标体系应当包含三类基本指标。一是有效性指标。有效性指标是评价金融攻击对目标金融体系毁伤能力的一系列指标，应当包含但不限于直接经济损失、金融系统风险指数、金融网络健康度、市场稳定指数、羊群行为指数等关系到对方金融体系稳健性的数据指征。二是可行性指标。可行性指标是评价当前客观环境对方案中的金融攻击具备支撑能力的一系列指标，应当包含但不限于资源充足率、指挥控制能力、外部性影响、外部威胁干预等关系到己方现实执行能力的指征。三是目标贡献度指标。目标贡献度指标是评价备选方案的预期效果对于金融安全博弈取胜的贡献能力的一系列指标，这类指标更加偏重人的经验性评判，包括决策者对于己方战略目的的理解以及对双方形势的认识，主要依靠战略思维能力、认知理解能力和经验知识来得出结论，是定性基础上的人工定量分析。方案评估流程将通过这三类基本指标来排出方案的比较次序，为决策流程提供信息支持。

流程 8：人机混合决策。人机混合决策是为了提升决策水平而将人工智能运用于决策过程的一种人机协同工作流程。目前，人工智能的研究重点之一就是让计算机通过学习将自身进化至更高层次，在推理、决策等方面达到类人的智能水平。在这方面已有一些成功技术，如强化学习、遗传算法等，能够使机器不再是一个机械执行体，而是具备与人实现双向互动能力的"智能参谋"，本身就有一定的感知、学习和推理能力，既服从于人也能够影响决策结果。人机混合决策流程的执行重点在于把握人、机在决策中的地位与行为方式的平衡与互动。一方面要充分发挥机器的决策能力，充分利用人工智能在存储、搜索、计算、优化等方面的高效率优势，利用强大的计算能力和机器学习的成果提升在复杂对抗环境下的决策效率与质量，完成人力所不能及的大样本分析和超高速响应。另一方面要突出人在决策中的主体性。从一般心理学来说，决策就是以人为主导的复杂思维过程，包括了信息搜集、加工、判断和决定[95]。这也限制了决策必须是以人为主体的主观活动，虽然人工智能在许多方面相比人有更高的效率，但在复杂情况下的高级认知能力，如推理、随机应变等方面还远不及人。人机混合决策的基本模式是将人的主体作用引入智能化的系统中，把人对模糊、不确定问题分析、高级认知机制与智能化系统进行耦合，使二者相互协同发挥各自优势，形成以人为中心的决策回路。特别是当机器得出结果的不合理时，人应当主动介入调整参数，达到"增强智能"的效果。

　　决策阶段的目标是根据已掌握的数据信息和评估情况对备选方案进行取舍，做出本轮流程的行动决策，决策结果将以命令的形式下达到指挥控制系统。从整个决策过程来看，最终决策的结果应当符合程序科学、结果满意的基本要求。程序科学是指决策的实施程序要符合科学性，即科学决策[96]。科学性主要体现在：遵循"差距、紧迫、力及"原则，从总体目标与当前局势之间的差距入手，根据紧迫的程度在条件允许、力所能及的范围内来把握金融安全博弈方案的选择思路；遵循"识别—诊断—选择"的路径，认清己方面对的总体形势，以弱点突破、一击致命的思路把握行动方案的最优攻击点和侧重点；遵循可行性原则，考虑客观环境和内部条件各方面是否有执行某项方案的可行性。结果满意是指决策的最终结果符合满意性要求。"满意决策"来自赫伯特·西蒙的思想，他认为人的观念、智慧、认知力、知识、技能、精力、时间等是有限的，所以人们不可能总是把所有的问题都考虑到，不可能做出最优化的决策，而只会做出令自己满意的决策。决策结果至少要达到让决策者满意的标准，即定下方案对于实现本轮目标来说不一定是客观上最优解，但目标贡献度指标一定处于合格标准之上，决策者的个人能力、经验知识和期望值对于这一标准的确定起到十分重要的作用[97]。科学的、令人满意的决策将为下一阶段流程提供最根本的行动指导。

二、技术支撑层

决策阶段的技术主要面临三条路线上的技术问题。第一是金融安全博弈实验靶场的建设问题。在人工金融系统上的大样本计算实验实际上就是实现了金融安全博弈靶场的主要功能。所谓的金融安全博弈靶场就是通过人工的虚拟环境与真实设备相结合，模拟出真实的金融安全博弈对抗环境，能够用于支撑金融攻击能力研究和武器工具试验的系统平台。金融安全博弈靶场建设的要求和标准比较特殊，既要独立于真实战场之外，又要与真实战场环境极度相似，达到几乎"平行存在"的标准；既要将能够支撑计算实验、方案评估等流程任务，又要能够为平时的模拟训练和演习创造条件。要在靶场内实现诸多功能，需要研究平行系统的构建与实时的动态修正；需要研究高性能计算实验平台和自主可控软硬件体系；需要研究复杂指标体系下的大样本多路径评估，等等。第二是金融攻击的目标贡献机理问题。决策是选定能够实现本轮流程目标的最优方案的过程，首要问题就是确认该方案能否朝着这个目标推进，以及在其中能做出多大的贡献，这也使得目标贡献度是对方案评估选择的最基本指标之一。战争永远是政治的继续。相似的，金融安全博弈造成的金融毁伤乃至攫取的经济利益都不是真正目标所在，真正的目标必然在政治领域。金融安全博弈是实现政治目的的斗争形式之一，任何方案行动都应当直接或间接地为这一目标作出贡献，并且要以贡献度最高的原则来筛选方案。因此，通过技术手段来破解金融攻击与目标贡献度之间的对应关系是这一阶段的重要问题，涉及金融攻击对政治的跨域作用原理，涉及金融域的毁伤作用于政治域的逻辑、要素和实现路径，涉及金融攻击与政治态度转变的关联度与量化。第三是预期外金融毁伤对军事对抗强度的消解问题。金融毁伤带来的经济损失、机构破产、市场混乱能够多途径影响对方的战争准备过程和资源筹措能力，从而削弱对方维持当前对抗强度的经济支撑。在对抗中，预期内的金融毁伤通常会有较完善的预案作为应对，然而时机、程度都超出预期的金融毁伤能够将这种影响发挥到最大，造成军事对抗中的"心有余力不足"，从而消解对抗强度。如何分析金融毁伤与军事对抗强度之间的关联度，涉及军事斗争准备的金融支持原理，涉及金融在战争筹措中的地位作用，涉及目标经济体制度结构、动员机制、资源禀赋等。

为解决决策阶段的支撑问题，应当从以下三个方面进行技术研究。一是计算实验与模型修正技术。大样本计算实验需要将海量数据输入至人工金融系统以得到同样数量级的计算结果，在考验超级计算能力的同时也是对系统模型体系的反复检验和验证过程，必须预计到实验可能产生的与预想结果不一致情况，迅速排查找到具体原因所在并对人工系统的模型进行相应修正，从事使得人工金融系统不断贴近于真实目标系统。二是多域金融攻击手段的柔性评估技术。柔性评估是指针对不同的评估对象采取不同的评估模型、方法和流程。金融安全博弈的攻击途径跨越了多个作用域，在各个域内的作用机理、传导方式、影响机制都是完全不同的，表现在人工金融系统中的各自模型体系具有完全不同的性质。因此在对方案进行评估时需要就多域攻击手段分别设计评估子系统，形成更加科学的评估结论。三是金融毁伤及引致效应的目标贡献度测算。金融安全博弈的政治目标与双方竞争对抗中的政治态度和局势密切相关，而战争准备工作是对方政治态度的直接体现，因此对战争准备的破坏作用是金融毁伤与实现目标之间的关键联系。一般来说，金融毁伤及其引致效应对战争准备的影响与对方的政治体制、军费制度、动员制度、金融支持制度等制度特点联系紧密，需要从对方常规军费构成及来源、常态下金融体系与军事活动的关联机制以及金融毁伤对战争经济基础的削弱路径等角度重点突破。

三、要素保障层

组织方面，决策阶段流程过程的执行以指挥决策机构为主、情报中心和参谋机构共同协助完成。指挥决策人员应当由军队和国家财政、金融部门的高级领导者组成，从决策的责任划分来看应至少包括一名最高决策者和若干辅助决策的高级顾问，他们在这一阶段共同发挥其决策核心的作用，并负责向金融安全博弈的指挥和力量要素下达行动命令。情报中心在这一阶段的主要职责是提供对方的政治、军事与金融相关情报，帮助指挥决策人员准确判断态势、合理评估方案的贡献度。参谋机构作为指挥决策机构的辅助参与决策活动，同时确保各流程紧密衔接。其中的评估小组负责执行方案评估的工作，为决策者提供各个备选方案的量化评价结果；计划小组负责对决策者认为某些方案需要调整的部分进行修改，并对已经决策出的方案进行细化，制定具体的指挥、力量、时间、保障等要素细则。

资源方面，这一阶段流程主要是基于金融安全博弈靶场、智能决策支持系统和人工决策共用的资源占用模式，过程中需要的物质资源主要是两套系统以及配套软硬件设施。一是金融安全博弈靶场系统。金融安全博弈靶场是对人工金融系统的进一步深度开发和功能完善，包括以高性能计算实验平台和自主可控硬件为主的一组设备，并且还加入了用于攻击实验的特殊设备，如与对方使用相同或相似的网络硬件和终端等。二是智能决策支持系统。这一系统可以帮助决策者根据模型、数据和知识，以人机混合的方式进行半结构化的金融安全博弈决策。所谓半结构化决策是相对于能够用确定模型生成的结构化决策而言的，作为人与人之间的斗争，金融安全博弈并没有也不可能有完全确定的决策模型，因而金融安全博弈的决策过程既需要决策者的经验知识来分析判断，也有需要借助智能计算机的辅助分析。这种半结构化特点必然体现在决策系统之中，因此智能化决策支持系统包含了分析建模、模拟决策的功能环境，具备了深度学习、遗传算法等智能化技术，能够依托各种信息资源和分析工具提高决策质量。

机制方面，决策阶段各支撑要素之间需要形成两项重要机制，以确保各项流程的顺利执行。一是实时反馈机制。由于金融安全博弈的局势在随时间不断变化，决策过程占用的时间里局势有可能发生突变，一旦决策结果跟不上形势变化将会失去置信基础，让己方陷入十分被动的境地。应当在决策阶段的流程运转中，在指挥决策机构与情报中心之间建立实时的反馈机制，由情报中心将决策环境与实际情况的差别进行实时比对，一旦条件发生变化需要立即反馈给决策者采取必要的修正措施，确保形成的决策方案背景与客观条件一致。二是双重外脑机制。外脑的概念是独立于个体之外的智力资源，实体化的外脑就是决策者在外部寻求智力要素以获得决策咨询的活动。双重外脑机制就是以人和机器共同作为外脑参与决策，一方面是要求处于决策核心的人员在必须要重视发挥周围参谋顾问、智囊团等智力资源的作用，更多依靠集体智慧来防止因个人专断而造成的决策失误；另一方面是要求必须重视人工智能的判断结论，将人工智能也作为能够单独的外脑去对待和参考意见，把决策建立在更科学更全面的基础上。

第五节　金融安全博弈行动（Action）框架

行动是金融安全博弈流程的最后一个阶段，既是对前期流程实际执行效果的验证环节，又是整个金融安全博弈流程的最终落脚点。上阶段做出的决策应当通过合理的指挥控制和力量运用加以实现才具有实际意义，需要将前期在金融安全博弈靶场内的实验转移到与之平行的真实世界，转化为对目标金融体系的真实打击。本阶段将围绕如何实现决策方案来进行，通过指挥控制来调配各种资源和力量，把握行动的总体方向和执行情况，通过位于指挥控制链末端的具体执行团队来完成攻击动作，并根据真实打击的情况得出行动效果的评估结论，以确定是否需要开启下一轮流程。

一、任务执行层

流程9：指挥控制。指挥控制流程执行的是通过指挥控制链条对下属层级发出命令、操控行动并响应局势变化的任务，以实现对本阶段各项流程的总体把控，确保决策方案按计划顺利执行。指挥具有作决定、下命令之义，控制则有纠正、调整、操纵的意思。本阶段的指挥控制流程包含了各级指令的下达、力量编排部署、行动监控、适时及时纠偏等主要环节任务，是上一阶段形成决策之后保证决策方案能够顺利有效实施的关键性流程。可以说，缺少指挥控制的行动决策仅仅只是停留在纸面的文字，指挥控制流程对于金融博弈的落地实施起到了至关重要的牵引作用。在此基础上，指挥控制作为本阶段的首要流程，还应当为后续流程的快速运转和衔接提供有力支持。一是协调资源保障，按照决策方案中的目的、环境、力量、时间、保障等作战要素的实际需求来指挥下级单位、协调外部单位对接相应资源，为资源调配流程创造基础条件。二是编排力量运用，按照方案中的具体行动方法、样式、手段和要求向所属博弈力量分别下达指令，通过指挥关系链将方案计划准确及时地传达到执行团队，为团队执行流程提供行动依据。三是实时态势监测，利用智能化的指挥控制系统跟踪态势变化，及时掌握行动的过程和效果，为效果评估流程提供数据基础。

流程 10：资源调配。资源调配流程是将相对稀缺的各种资源在即将实施的不同类型行动之间做出调整配置与优化的过程。在军事领域，战时的资源调配为军事作战提供了关键的支撑，涉及国家对大量物质资源和技术、经费的优先级调整与重新分配，体现了稀缺性下的资源效用最大化原则。金融安全博弈的资源调配同样是一项旨在优化资源运用效率、提升行动保障能力的重要流程，调配资源的范围是金融安全博弈的一切活动中需要的人力、物力和财力总和，是基于这个资源总量条件下的各种行动、各种资源的优化配置，以最少的资源耗费，发挥出最大的攻击效果。对于资源的合理调配将为后续团队的顺利完成提供保障，其中包含两个部分。一是优化资源配置方向，通过实现优先级排序合理安排资源、缩短资源闲置的时间来提升利用效率，提升流程的总体运转速度；二是提升资源总量，通过更高层面的跨部门、跨领域协调来做大金融安全博弈的资源总量，提升行动资源保障的满足度。

流程 11：团队执行。团队执行流程是依靠各个攻击方向、功能特点不同的执行团队对指挥控制下达指令的执行过程。金融安全博弈的执行团队位于整个指挥控制链的末端，是金融安全博弈体系中的最小模块和基本作战单元。每一个执行团队拥有独特的专攻方向以及相应技术实力，能够独立执行一项金融攻击任务，多个团队的分工与协作共同构成了金融安全博弈的一轮攻击行动。执行团队处于金融安全博弈交锋的最前线，在接受指挥控制指令以后，执行团队需要就具体的实施细节进行自主决定和实施，在此流程中需要有一定的自主权和适应性，运用专业特长在小范围内选择执行金融攻击的突破点，以及决定具体的攻击动作和技术方法。因此，团队执行流程需要就各个微观途径的攻击技术和力度进行明确和执行，如资本攻击的团队运用股市做空的技术来狙击特定目标机构、企业的股票，网络攻击的团队针对传输协议漏洞对目标服务器进行分布式拒绝服务攻击，认知攻击团队散布多则虚假信息来影响敏感人群的金融操作行为，等等。

流程 12：效果评估。效果评估是对团队执行的攻击手段效果进行全面评价的过程，评估结果将用于判断此轮攻击是否达到了预期目的。作为金融安全博弈流程体系的最后一环，效果评估是一种事后评估，既是对团队执行能力的检验评价，也是对整个流程进行管理优化的主要依据，对评估结果的判断直接决定了是否应当开启下一轮金融安全博弈流程。因此，效果评估对于整个阶段乃至 OODA 环都是一项必要的检验流程，评估的直接对象虽然是行动的结果数据，但可以通过此结果得出之前 11 个流程的完成水平。效果评估的实施需要完成三项主要工作：一是及时取得结果数据，利用情报能力获得金融攻击前后对方的政治、经济、金融等领域的指征变化及反馈特点；二是制定综合指标体系，在前期方案评估的有效性指标基础上进一步丰富关于实际完成度以及意料之外的情况的设置，特别是实际效果与方案预期结果之间的差异性指标；三是建立柔性评估模型，效果评估也需要针对不同攻击样式与手段建立柔性评估模型，以人机混合评价的方法获得置信的结论。

行动阶段的目标是通过执行打击对对方造成实际金融毁伤，并以此决定是否开启新一轮攻击。为确保这一阶段各个流程的顺利高效运转，执行过程中应当满足多域协同、量化高效、低费效比的总体要求。一是多域协同。金融攻击覆盖物理域、信息域和认知域的多域融合空间，目标不同的攻击手段在实际执行过程中会一定程度上相互作用。这种作用有正反两个方向的可能，如果时机、目的、方法配合得好，就能够相互促进、事半功倍；如果配合得不好，则可能造成自我阻碍和牵绊，难以达到预期效果。因此，必须要注重多域融合的复杂环境下攻击行动之间的协同配合问题。二是量化高效。金融攻击执行主要以依靠信息网络进行的远程、非直接接触方式为主，如发送一段恶意代码、散布一则负面消息、实施一笔特定数额的股票交易等。这些行动根据所用工具能够实现量化执行，量化的目的是通过实施精准攻击来提高整体流程效率，避免低效率的大范围、过度和重复攻击。三是低费效比。费效比是成本与效益之间的比值，费效比越低意味着投入越少、效益越高。金融安全博弈需要依托大量的人力、物力资源以及主权基金、股票、外汇等多种形式的货币资本。以资本攻击为例，货币资本投入的实际效益在一定区间内与投入成正比，但边际效益却随着投入的增加会不断下降。一旦超过效益拐点将进入成本过高的负边际效益区间，每多投入一份资源造成的自身损失要大于攻击效果。因此，金融安全博弈的行动应当符合低费效比的基本要求，以确保这把"双刃剑"正确地发挥作用。

二、技术支撑层

行动阶段涉及的技术问题主要在于行动中各种系统的构造方法。第一是信息化金融安全博弈的全流程人机耦合机理问题。不论是资本攻击、网络攻击还是认知攻击的手段，都需要通过信息化的系统平台将伤害"打出去"。在这类攻击平台上将实现大量高速的智能化处理、自动交易等计算机自主操作，人的指控命令以及在重要节点上的介入干预也必不可少。这种情况下就需要人与机器在多方面实现耦合，使得各种信息在二者之间流畅转移，多项任务在二者之间顺畅衔接。全流程的人机耦合机理问题研究能够实现各个阶段中最佳的人机配合流程模式，充分利用机器的海量存储、超级计算、智能化推理与预测等功能优势，同时重视发挥人的感知判断能力和创造性，极大提升指挥控制和团队执行流程的效率。第二是跨域资源调配与军事保障的动态协同问题。金融安全博弈在战略地位上对军事作战可以有先导、辅助和补充等配合作用，金融安全博弈行动同时会面临着进行战争准备或实施作战行动等需要资源保障倾斜的情况。然而金融安全博弈需要依靠来自军事、金融、网络、媒体等各部门各领域的人力物力财力资源，在有限资源条件下与军事保障需求存在一定资源冲突。因此，在本阶段资源调配问题的重点以及解决方向在于动态协同机制，研究如何在区分需求轻重缓急的条件下对金融安全博弈的行动与军事保障所需资源进行动态的优化调整，以满足整个金融安全博弈流程的需求对接与资源统筹要求。

解决上述问题应当从资源调配、指挥控制和力量建设三个角度入手开展技术性研究。一是资源协调保障技术。应当根据金融安全博弈工具类别多样、战术多变复杂等特性来开发针对性的保障系统与机制。要研究金融安全博弈常态化的资源储备与战时资源调用的需求对接技术；研究特定资源的跨军地、行业、专业领域的协调机制，特别是特殊条件下的应急资源整合；研究跨军地的金融安全博弈资源管理保障体系建设，探索建立资源需求实时感知的可视化调控系统，科学实现资源配送与使用效率的提升。二是基于指挥控制的流程优化技术。指挥控制能够确保各流程环节顺畅衔接、运转高效，是对整个流程体系进行优化而提升效率的重要保障。由此带来的流程效率的提升将起到绷紧 OODA 环的作用，帮助己方获得金融安全博弈优势地位。要研究人在各种系统中的操作效率优化方法，研究以效率为核心指标的流程的调整与优化，以及研究预期可能出现障碍与阻力的针对性对策等。三是专门力量建设问题。金融安全博弈需要组建针对不同任务的执行团队，应当基于军民一体的思想，充分考虑平时和战时状态的人力需求差异，从顶层设计、组织结构、指挥链、力量部署、人才培养等各个方面打造一支专门的金融安全博弈力量。要研究符合各领域特色的组织与指挥体系的构建，研究跨军地部门的专业人力资源的协调与身份转换，研究金融安全博弈的专业人才能力需求及培养方案，等等。

三、要素保障层

组织方面，行动阶段的实施主要依托分别担负指挥、保障、执行、评估职责的若干机构来完成，它们共同构成了上下级关系和职责分工明确的金融安全博弈指挥关系网。指挥职责对应金融安全博弈的指挥体系，是以金融安全博弈的指挥决策机构为主干、以各作战域的分支指挥机构为枝叶的树状指挥网，能够实施对攻击行动的指挥、监督与控制，确保对决策方案的内容依次实现分解、下达与执行。保障职责对应专门的后勤保障机构，能够对各级指挥机构及执行团队的资源需求进行采集汇总，制定和实施对各个单位的最优保障方案。执行职责对应金融安全博弈的专业化执行团队，每个团队拥有各自专业方向的人员、设备以及"武器"系统，能够按照担负的攻击任务来设计和执行具体的攻击动作。评估职责对应金融安全博弈的参谋机构，参谋机构拥有专门的评估小组，在情报信息中心的支持下，实时采集行动的结果数据。

资源方面，行动阶段各个流程的运行基础主要是指挥控制系统和攻击武器系统。从功能来看，指挥控制系统应当是具有行动指挥、过程控制与资源配置等功能的一组软硬件设施，也是所有指挥关系网中人员的必要工作平台，对于金融安全博弈体系能力的发挥有着举足轻重的作用。指挥员利用指挥控制系统和智能化技术来实现四重的控制功能：作战指挥控制，能根据形势变化对行动的目标方向进行干预或矫正；行动力量控制，能依据一定制度规则对执行团队的力量进行约束和管理；外部风险管控，能洞见行动的外部性影响并采取必要手段减少行动风险；指挥运行管控，能对指挥体系内部的人、机要素运行进行管控。金融安全博弈的攻击武器系统包含一系列独特作战资源、使用方式和承载工具的组合，是金融攻击的具体执行平台，能够将各种承载着能量的"弹药"打出以获得攻击致伤的效果。金融安全博弈的"弹药"种类多、范围广，也使得武器体系更加专业和复杂。例如，货币投机攻击和资本市场做空需要将大量的外汇、股票等资本作为"弹药"打出，要使用特殊的交易系统实现；网络攻击需要将恶意代码和软件作为"弹药"植入目标，要借助特定网络设施和软件技术；认知攻击需要将虚拟的信息作为"弹药"发射到社会传播网络，要借助特定的人或媒体来实现。

机制方面，为确保流程的顺利实施以及金融安全博弈的整体完成效果，本阶段建立两项工作机制十分必要。一是效果实时监测机制。根据流程顺序，金融攻击在真实环境下实施前已经在模拟靶场中进行了实验，但在真实环境下很可能出现靶场中没有考虑到的意外因素，从而导致前期仿真结果与真实情况的偏差。因此，需要建立一定机制对真实环境下金融攻击效果实施监测与反馈，通过对方情报的实时回传分析找到那些意外因素，一方面为效果评估提供核心数据，另一方面便于及时对人工金融系统做出修正，提升实验结果的准确率。二是金融安全博弈协同机制。协同是研究多域多途径攻击手段时必须考虑的问题，需要解决的是从不同领域发起的不同攻击手段是否互相促进、互相影响，甚至互相冲突的问题。金融安全博弈的协同有两个层次：一方面是金融安全博弈的各种博弈手段之间的协同配合，重点在于提升多域攻击技术的指挥协同、资源协同、时序协同，发挥出决策方案的最大能力效果；另一方面是金融安全博弈与其他斗争形式之间的协同，如金融安全博弈与政治外交战、金融安全博弈与军事战之间的手段配合问题，重点在于提升金融安全博弈对政治目的的实现能力问题。

第 六 章

金融安全博弈理论应用

　　理论研究始终是为实践应用作支撑。理论解释的是一般的共性问题，而应用中往往有许多需要"因地制宜"地处理的个性问题出现。金融安全博弈理论从机理、途径、样式和流程各方面建立一般性的理论框架，从理论的一般性延伸到实践的特殊性，于我国有着重要的实践意义和广泛的应用前景。从我国的现实需求和客观条件来看，主动应用金融安全博弈来维护国家安全利益不但十分必要，而且大有可为。本章从现实角度出发对我国建立和完善金融安全博弈体系提出相应对策，开创适合我国的维护金融安全的方法路径，以期有力塑造和提升金融领域的大国博弈能力。

第一节　积极打造我国金融安全博弈主动博弈之矛

　　一直以来，我国对维护金融安全方面的研究大多偏重防御角度，这是建立在我国现代金融体系建设起步晚、长期落后于西方发达国家以及国际金融霸权威胁下的合理判断。如今随着经济发展，我国在金融领域已具备了一定的主动博弈能力，并且在"灰色地带"斗争等设想场景中也有迫切的需求。在此条件下，我国面临的迫切问题是如何掌握维护金融安全的主动制敌之术，基于自身条件发挥出实际的博弈对抗能力。然而，金融领域的主动博弈对我国来说还是一个崭新的领域，需要集智聚力打造一套主动博弈体系、一支锐利之矛，投射出去便可杀伤敌人。建立一套维护金融安全的主动博弈体系不仅仅是一个技术问题，还是斗争的艺术问题，需要充分体现和发挥人的创造力。总的来看，以金融安全博弈理论为基础、我国现实条件为依托，形成主动维护金融安全的能力要从组织、力量和平台建设三个方面实现突破创新。

一、构建扁平化的组织体系

组织体系建设是我国应用实施金融安全博弈的首要任务。在金融安全博弈的过程中，金融信息传播和战场态势变化非常迅速，特别是基于计算机的高频市场交易和网络攻防要求发起方必须在极短时间内做出判断，必须依托反应更加敏捷、执行更加高效的组织体系来完成。因此，我国应当构建扁平化的金融安全博弈组织体系。扁平化组织体系是组织管理层次少、幅度大的一种更加紧凑干练的组织方式，以流程而非职能部门为中心来构建，基层执行团队能够打破部门界限，并且直接对顶层负责，避免了信息上传过程中的失真与滞后。相对于传统的金字塔形组织体系而言，扁平化组织破除了垂直高耸的组织结构，缩短了上下级之间的距离，使信息传递加快、反馈灵活敏捷，整体更加富有柔性和创造性；与此同时，扁平化伴随的管理幅度增大、权力分散和协调负担等短板也需要充分认识。从发挥优势长处、避免弱点短板来看，我国应当从三个方面入手构建扁平化组织体系。

一是要建立顶层机构。从职能范围来看，顶层机构是金融安全博弈最高的指挥决策机构，需要站在国家全局高度确定金融安全博弈的总目标和阶段目标、对金融安全博弈的各项流程进行总体布局和把控。我国建立这一机构应当基于 2013 年成立的国家安全委员会进行一定的合理设计。国家安全委员会是党中央对国家安全工作的最高决策和议事机构，能够统筹协调涉及国家安全体系内各领域安全的重大事项，特别是一些军队和地方不能独立应对的非传统安全问题。金融安全博弈实际上就处于国家安全委员会的决策范围内，因此可在此基础上进一步明确国家安全委员会的金融安全博弈指挥决策职能，或是在其中设立专门小组负责金融安全博弈的总体应对和作战部署。从人员构成来看，扁平化组织的顶层机构管理幅度大，对人员管理水平和统筹能力有着很高的要求。因此，金融安全博弈指挥决策机构应当在最高决策者的领导下，涵盖国安部、工信部、财政部、"一委一行两会"等国务院职能部门和军队高级领导者组成。最高决策者负责指挥决策，其他人员作为高级顾问来参与决策、贯彻执行以及协调分工。如此组建的指挥决策机构既能更好地实现金融安全博弈与其他斗争准备的协同配合，又能确保相关部门的职能发挥。

二是要精减组织层级。扁平化组织的重要特点是指挥的层次少、幅度大，组织结构与金字塔形状相比更加"扁平"。因此，在金融安全博弈的组织体系设置上应当尽量压缩中间环节，加强顶层与基层的直接指挥、直接反馈，减少冗余部门和人员，并赋予基层更多的自主权。传统以部门为骨干的组织结构难以符合要求，需要转变为以任务目标为牵引、以流程为中心设立的金融安全博弈三级组织。第一级是指挥决策机构，作为顶层机构的主要职能是做出决策、下达命令、指挥全局。第二级是辅助决策机构，包括联合参谋机构以及数据中心、情报中心等支持机构。辅助决策机构之间相互协同、信息数据实时共享，基本职能是收集和处理各类信息以辅助上级做出最优决策。其中联合参谋机构由军队和国家相关部门的参谋人员组成常设机关，起到顶层和基层衔接作用，向上负责提供情报信息和指挥协助；向下负责制订下发方案计划、收集行动反馈。数据中心和情报中心可为临时设置的职能机构抽组军地相关单位的专业人员、设备为参谋和决策提供支持。第三级是基层执行团队，包括根据作战途径划分的资本攻击、网络攻击和认知攻击等博弈力量，基本职能是以团队为单位按照计划和分工贯彻上级命令。各个团队按目标管理的方式直接对指挥决策机构负责，因此在执行上都有一定的决策权和自主权，在保证本团队目标实现的前提下能够更好地适应和把握瞬息万变的金融安全博弈局势。

三是要建立协调机制。如此构建的扁平化组织体系虽然缩短了金融安全博弈的指挥链，提高了整体效率，但其短板在于权力分散导致的基层团队之间不能依赖上级来充分协调关系，对于需要大量横向合作的任务造成一定阻碍。然而在金融安全博弈的实施中，为达到作战目的采用的攻击样式通常是多域融合的，这就要求各个领域执行团队必须充分考虑与其他团队的横向协同合作，但由于团队之间没有直接的指挥关系，相互协调配合的动力和能力都有限。因此，在金融安全博弈组织建设中，需要制定一套横向协调机制，进一步顺畅执行团队的沟通协作，避免出现行动中即兴发挥和过度分割的情况。金融安全博弈的协调机制主要包括两个方面。一方面是协调资源。各执行团队需求的资源大体不相同，但也存在交叉重叠的部分，如对资金、公共资源、信息的需求。应当建立动态的资源调配机制，通过人机结合判断的方式在各方需求提报之后做出统一优化调整，避免需求冲突。另一方面是协调行动。金融安全博弈是整体性、融合性的行动而不是分团队的孤立作战，因此在团队执行时有着次序和配合要求。应当在上级统筹的基础上建立行动通报机制，各团队将行动信息相互预先通报，存在问题应经协商或报请上级调整，避免行动冲突。

二、培育现实化的力量体系

力量体系建设是我国应用实施金融安全博弈的核心依托。在扁平化的组织体系下，基层团队的任务完成能力是整个组织战斗力的重中之重，而这种任务能力就来自金融安全博弈的力量体系建设。从必要性来看，在特定场景可能应用金融安全博弈的情况下，建设一支常备的金融安全博弈力量是我国的必然选择，也是在必要时刻将金融安全博弈这种斗争形式拿得出手、用得出去的根本保证。因此，博弈力量是金融安全博弈的战略、战役和战术实施的核心依托，也是我国形成相应战斗力、确保金融安全博弈打赢制胜的根本筹码，必须要以现实化的标准进行大力培育。从建设方法来看，金融安全博弈的力量建设应当符合和体现金融安全博弈的样式特点，要有专业人才队伍构成的战斗员、特色武器工具构成的武器库以及将二者有机结合形成的战斗力。因此，培育一支专业化现实化的金融安全博弈力量体系要从三个方面重点突破，为打赢金融安全博弈提供管用可靠的制胜之力。

一是要培养专业人才队伍。金融安全博弈的博弈力量与传统博弈力量相比，作用领域和攻击机理都相对特殊，特别是涉及的专业领域多、需要的技术操作多，对人员的素质也提出了更高的专业性要求。据上文，基层执行团队实际上是金融安全博弈的作战单元，能够独立完成某一方向的金融攻击，因此从团队人员的成分上看，具有专业领域广、实操能力强、保密性高等特点。在目前高校缺少对口专业的情况下，应当采取吸纳和培养两条途径组建专业的人才队伍。一方面要广泛吸纳军地相关领域的人才。基于保密性考虑，可以从战略支援部队、央行、金稳委和中央金融企业等单位遴选优秀人才作为动员力量，平时在原岗位工作，金融安全博弈时按专业抽组为多个团队执行情报侦察、资本运作、网络攻防等作战任务，人员类别偏重技术与分析。另一方面要从军地高校择优定向培养。从金融学、国防经济、传播学、军事运筹学等相关专业择优组建常备队伍，按金融安全博弈参谋人员和战斗员目标培养，作为金融安全博弈组织体系中的骨干力量，充实到金融安全博弈参谋机构和执行团队，人员类别偏重战术和实操。

二是要开发特色武器工具。传统武器是直接用于杀伤和破坏的作战器械，而金融安全博弈的武器有政策工具、金融工具、信息实体、计算机代码等众多类别，构成了具有金融安全博弈特色的武器工具库。从以往的案例来看，能称之为武器的金融安全博弈特色工具非常多样且复杂，如 20 世纪 90 年代乔治·索罗斯就曾将旗下的量子基金作为武器发起了多次大规模货币狙击，对那些基础薄弱的货币频频得手。与之性质迥异的是，"永恒之蓝"勒索工具也曾利用 Windows 系统漏洞入侵了多个国家的银行专用网络，极大威胁了金融系统的数据安全[98]。千差万别、复杂多样的武器形式使得金融安全博弈武器的开发方向宽思路广，难以面面俱到。对于我国来说，特色武器工具的开发不仅要由采用的攻击途径决定，还要由我国具备的优势技术来决定。如我国在网络积极防御上拥有一定技术实力，则应当重点开发此类工具，同步开发资本、认知类工具，并加快研究生物识别、区块链等前沿金融科技，最终建立以我国优势技术为重点、常用技术和前沿技术为补充的特色武器工具库。

三是要组织现实化演练。军事上，欲得强兵，必须坚甲利器，实训实练。一直以来，演习训练现实化是磨砺精兵强将的必由之路，道理对于金融安全博弈也是如此。实践出真知，力量能否打得出去、打出效果必须要在实践中下定论，然而金融安全博弈并不是随时都打，因此现实化演练就是检验实力、寻找差距、提升能力的关键。2009 年，美国国防部就曾在约翰·霍普金斯大学进行了第一次金融安全博弈演习，内容只在推演层面并没有落实到行动上。时至今日，我国要围绕具体行动来建立金融安全博弈的常态化演练机制，在演练中设置情景、实操实训。为避免演练设计出现一厢情愿、生搬硬套等问题，必须确保情况真实、数据真实、处置真实、结果真实。我国可以根据现实斗争的需要确定重点作战目标，运用平行仿真技术建立一个与真实目标高度相似的平行系统，基于系统进一步提升演练环境的真实度，使演练从内容到形式更加贴近现实。

三、建设智能化的指挥控制系统

指挥控制系统建设是我国应用实施金融安全博弈的必要支撑。在军事作战中，指挥控制系统是整个作战体系的中枢神经，它让各级指挥人员都能够充分掌握和调动一切要素来提高部队的作战能力。金融安全博弈的指挥控制在概念上与军事作战指挥控制并没有本质上的不同，是指挥员和指挥机关对金融安全博弈力量的组织领导和过程管控活动，目的也是充分发挥战斗力。指挥控制系统的建设应当基于科学技术、计算机设备和指挥人员的有机结合，特别是人工智能技术的出现，使得指挥控制系统正由信息化向智能化快速发展。金融安全博弈具有超毁伤性、超灵活性和超隐蔽性，单靠人的脑力跟不上飞速变化的局势，也无法在复杂态势下做出最优决策。因此，我国应当建立以智能化为中心的金融安全博弈指挥控制系统，综合利用人的洞察力与计算机的高灵敏度，借助智能化的外脑来加速 OODA 循环过程，提高指挥人员的认知和决策能力效率，取得金融安全博弈的主动权。

一是要明确指挥控制流程任务。建设指挥控制系统首先要从基本需求出发，科学详细制定金融安全博弈指挥控制中的主要流程任务，确保建成系统的整体功能符合预期目的和战斗力标准。金融安全博弈指挥控制包括对数据的分析研判、下达指令、响应情况和行动调控等的基本流程，并依靠人机混合智能来完成对整个金融安全博弈的四维控制。第一是作战指挥控制，帮助指挥员跟踪掌握形势和环境变化，洞察进程发展和预期目标、团队执行和任务要求之间的差距，采取必要措施进行干预或矫正，确保整体行动往预期方向发展。第二是博弈力量行动控制，帮助指挥员和指挥机关依据实施计划、协同方案和各种规则措施，督导和约束所属博弈力量（基层执行团队）按一定的时间次序、任务关系和权责义务实施行动，确保各团队之间的协调配合。第三是领域风险管控，帮助指挥员洞察预见金融安全博弈行动的负面影响以及风险，如可能引发的金融不稳定以及社会问题，并采取必要手段维护自身金融系统的稳定，保证对外行动的顺利实施。第四是指挥运行管控，帮助指挥员对指挥机关内部各要素和人员指挥活动、指挥场所及信息系统的运行进行管理和控制，保证指挥机关正规有序运行、指挥活动顺畅高效。

二是要协同创新突破关键技术。从发展的眼光来看，智能化指挥控制系统需要在流程任务的技术框架下，以平行仿真、机器学习、遗传算法等智能化技术为关键支撑。美国国防部高级研究计划局（DARPA）曾在2007年提出"深绿"计划，旨在将人工智能嵌入指挥控制系统，其中的核心技术就是平行仿真，即通过计算机对实时数据的多次模拟仿真来推演出多种可能结果，引导指挥员提升决策效率[99]。但这种嵌入方式只是智能化的初级阶段，2016年美国辛辛那提大学开发的阿尔法（Alpha AI）空战系统更具覆性，它在模拟空战中以全胜战绩击败了经验丰富的退役空军上校，体现了遗传算法和机器学习的巨大优势[100]。技术正在快速进步，智能化与指挥控制系统的融合也要进一步深化，我国应当以军地协同、产学研协同创新来突破其中的关键技术瓶颈：要以加强跨军地的智能技术合作研究为基础，依托高校和研究所提供技术指导和开发力量，依托创新能力强的科技企业实现前端突破，依托实力强大、经验丰富的企业推动技术转化。从系统建设的目标来看，应当从平台级、战术级开始，逐步向战役级和战略级延伸，最终形成真正具备机器自主学习水平的金融安全博弈指挥控制系统。

第二节　有效巩固我国金融安全博弈防御之盾

克劳塞维茨在《战争论》中提出，防御带有消极目的，但却是强有力的作战形式。攻和防，作为战斗形态的两个部分，就如同硬币的两个面一样，既斗争又统一，既相对独立又密不可分。辩证地看，我国需要下功夫提升金融安全博弈的攻击能力，让其成为直插特殊群体要害的矛；而从硬币的另一面来说，巩固金融安全博弈防御之盾也是目前我国不可轻视和放松的领域。一来在中美战略博弈中，经济金融的较量呈现扩散化、长期化、系统化和复杂化的趋势，金融制裁和融资限制已经对我国有所施展，全面金融安全博弈的威胁压力始终存在，需要积极构建金融安全博弈防御体系；二来在金融安全博弈的进攻过程中可能招致对方及外部干预势力用尽一切力量的反击，需要预先做好防御应对的准备。《孙子兵法》有云："攻而必取者，攻其所不守也。守而必固者，守其所不攻也。"讲的是坚固的防守一定是全面的，就算敌人不会进攻的地方也要严加防范，不能放任弱点漏洞的存在。因此，我国需要从面临的威胁出发，打造一组全方位的金融安全博弈防线，形成坚实的金融安全博弈防御体系，以攻防兼备的姿态与实力掌握金融安全博弈的制胜权主动权。

一、建强金融市场风险防线

金融市场风险来自金融活动的各个环节，既可能造成个别金融机构的经营危机，更有可能对整个金融体系的稳健运行造成极大威胁。因此，金融市场风险是我国在可能遭遇金融安全博弈情况下的重要隐患，一旦对于风险的防控不得当、不及时将极易被对手利用，使我国在金融安全博弈的激烈对抗中处于劣势下风，对整个战略全局造成不利影响。当前，我国已经注重建立常态化的风险管控机制，在2017年全国金融工作会议中就曾明确要通过早识别、早预警、早发现、早处置，完善金融安全博弈防线和风险应急处置机制[101]。从已有的风险防控机制来看，构筑金融安全博弈网是极其重要的措施。金融安全博弈网是一系列防范危机和风险管控的制度设计，旨在防止因个别风险的扩散蔓延而引发整个金融体系的不稳健。但总体来看，我国还没有把防御外部金融冲击放在更加突出的位置，缺乏针对金融安全博弈的有效防御布置。因此，在现有防控手段的基础上，我国应当着力建强以金融安全博弈防御为目的、以金融安全博弈网为核心的金融市场风险防线。

审慎监管、投资者保护制度和最后贷款人是金融安全博弈网的三大支柱，三者相互协调、信息共享，构成了对金融机构以及其他主体的三重防线，同时也对被监管机构的资本充足率、内部控制、资产流动性等指标做了具体要求。然而，面对金融安全博弈的外部威胁时，金融安全博弈网还必须考虑到在危险环境下如何有效保护金融机构和市场有序运转，特别是具备应对"黑天鹅"事件的能力。从这个需求来讲，我国应当从四个方面入手强化金融安全博弈网的措施。一是要建好资本项目管制的"防火墙"，对于外资应当引导和管理相结合，对外资金融机构画好政策底线，对可疑外资行为进行追踪，时刻保持监管机构的总体掌控能力。二是要建好应急快速反应机制，对于高风险的金融机构随时预警和处置，对于各种类型的外部冲击做好应急预案和处置办法，明确对系统重要性金融机构的特殊监管细则，提升此类机构在冲击中的稳健性。三是要建好损失分摊和问责机制，将一般风险的处置成本交由机构自身、原有股东、无担保债权人、投资者保护基金、公共资金依次分摊，对相关股东、高管和失职公职人员严肃问责，防范道德风险，进一步巩固公共资金的应急应战能力。四是要建好风险防范长效机制，完善金融机构风险处置的法律框架，推动监管类法律法规以及保障基金管理办法的修订，重视和加强各级监管部门、中央银行和各类保障基金在金融安全博弈时应急处置中的职能衔接和作用发挥。

二、建强金融网络安全防线

金融网络是金融电子化、信息化的核心基础，也是目前各个国家金融业务管理等信息运行的特殊网络空间。金融网络能够基于专有的通信线路和设备、计算机以及软件系统来实现金融通信与共享，必然会存在着基于偶然或恶意因素造成的泄漏、破坏、更改等安全威胁。因此，金融网络安全是随着金融信息化的发展而愈发重要的课题，鉴于金融对于经济发展有着举足轻重的影响，偶然因素带来的意外风险尚可以通过常规安全措施来管控，但对于恶意的金融网络攻击则必须要升级到金融安全博弈的高度来防范应对。我国2019 年国防白皮书已经将网络空间安全作为国家安全和经济社会发展的关键领域，与核安全、太空安全共同列为重大安全领域，并提出了着重加强网络空间防护力量，捍卫国家网络主权和信息安全[102]。因此必须将金融网络安全纳入国家网络边防和金融安全博弈防御体系的大框架中去，从人防、物防、技防多角度构建强大的金融网络安全防线。

一是要提升软硬件自主可控水平。金融网络空间是我国重要的金融安全博弈防线，体现的是国家不可撼动的金融主权，绝不能在关键部位和关键时刻受制于人，因此保证从硬件到软件的自主可控性具有极端重要的意义。自主可控的最终目标是要实现金融网络从硬件到软件的自主研发、生产、维护、升级的全生命周期可控，实现核心技术与生产的全部国产化。可以说，金融网络的自主可控是实现金融网络安全的必要条件，只有在此基础上结合其他人防、技防等其他安全措施，才能从根本上维护金融网络安全。目前我国在金融网络相关技术上还存在着芯片、操作系统等突出短板，在设备、软件、数据库等重要位置仍然面临着被放置后门、漏洞的重大风险，不能完全交由市场来解决，必须要进一步推进国产自主可控替代计划，逐步提升金融网络的自主可控水平。要在网络规划中对核心技术掌控程度、知识产权安全性以及采购供应链的安全性有着充分的调查，预先发现和排除其中隐藏的风险隐患。要在监管评价中加入网络自主可控指标，用激励、约束力量来逐步提升各金融机构的积极性和防范意识。

二是要推动技术防护能力升级。在技术方面，网络安全防护主要依赖网络的物理安全、结构安全、系统安全等各方面的技术、服务和策略，通常具备访问认证控制、数据加密、隔离阻断和镜像备份等多种处置手段以应对不同威胁。但就金融网络攻击的防护标准来说，现有安全技术仍然存在许多不足。一方面随着移动支付、生物识别、数字货币等科技发展，金融网络攻击可能采取的新途径新手段给现有的防护技术带来了更大的挑战；另一方面，2019 年 1 月我国已经开始推进金融行业的 IPv6 协议规模部署[103]，IPv4 向 IPv6 改造过程中的各种过渡技术与方案也存在着不容忽视的安全隐患。具体措施上，我国要提高网络安全防护的目标范围，建立覆盖金融网络的基础设施层、应用层和业务层的防护目标体系；要加强专项经费投入，同步推动技术开发与设备的升级换代，构建集防火墙、入侵检测系统和策略工具于一体的防护技术体系；要加强跨领域的合作与沟通，借助优势行业和专业企业的技术实力来改造升级现有技术手段，加强对利用金融科技前沿技术发起网络攻击的应对能力。

三是要将网络因素纳入压力测试。压力测试是世界上常用的一种金融系统风险管理工具，测试将一系列金融机构（主要是银行业）置于特定的风险情景之下，对这些机构在重要指标突变压力下的稳健性表现进行量化为主的分析，有助于制定针对性的改进措施。目前我国已经将银行业压力测试的结果作为审慎管理和防范系统性风险的重要依据，常规测试的内容包括宏观情景压力测试、敏感性压力测试和流动性风险压力测试，涉及指标有 GDP 增速、利率、汇率、不良贷款率、投资损失率等宏观政策主要考察的是指标因素的变化对于银行业资本充足水平和流动性缺口的影响。压力测试对于检验和提升我国金融系统的风险抵御能力具有重要意义，经过一系列标准的筛选，未能通过测试的金融机构将沿着明确的目标方向进行整改，补强系统的脆弱短板。然而，我国现有的压力测试缺少对于金融网络状况的压力情景设置，网络攻击作为金融安全博弈的重要途径之一，不能充分检验金融网络的整体抗压能力以及薄弱环节，就不能真实地反映我国的金融安全博弈防御能力。为了进一步加强金融安全博弈防御体系建设，筑牢金融网络安全防线，我国有必要将三类网络指标纳入压力测试：要设置基础设施损毁的压力情景，测试遭遇系统硬件攻击、节点破坏时的网络鲁棒性；要设置通信部分中断的压力情景，测试遭遇 DDOS 等网络攻击时的金融网络极限和恢复能力；要设置信息扭曲失真的压力情景，测试遭遇入侵、劫持、篡改等攻击时金融网络的技防效果和纠错能力。未来我国可进一步拓展压力测试的范围和用途，将压力测试升级为金融安全博弈防御演习的重要课目，持续完善金融安全博弈防御体系的建设。

三、建强金融信息传播防线

金融信息是影响大众认知和金融市场波动的重要因素，虚假、负面信息的传播散布将对广大金融主体的认知判断造成重要的影响，由此而引发的大量非理性的金融行为将对市场稳定构成巨大威胁。我国目前的金融稳定工作偏重对内在系统风险爆发的管控，对于有组织有计划的负面信息攻势还缺少足够的防范意识和有效手段。从原理上看，金融信息的传播散布必须依靠特定的传播媒介，这些媒介作为金融信息实体的载体，具有中介性、负载性、还原性等基本特点，能够把负载的信息符号原型原样地传递给特定的人或大众，掌握了社会中的主要媒介就相当于扼住了信息传播的咽喉要道。因此，我国建立金融安全博弈的防线必须向外延伸到信息传播的领域，在受众广、影响大、专业性强的传播媒介上重点布防，以多域协同的态势完善金融安全博弈的防御体系。

目前的信息传播媒介既有传统的报刊、电视、广播和网络，还包括以手机、移动终端和无线便携网络组成的新兴"第五媒体"，要想完全实时地掌握控制有着极大难度，特别是大众依靠微博、微信等社交软件平台已经组成了自主、快捷、无序的自媒体传播网络，金融信息源头也难以把握。在这种条件下，我国应当运用针对境内外敌对势力的舆情监控与引导经验，结合金融行业信息的特殊性，更加有效地识别、隔离、处置虚假有害信息，保护我国金融体系的舆论认知阵地。一是要提高信息披露的及时性和透明度，形成针对虚假信息的应急披露机制，及时将所涉机构信息进行多渠道公布，以正辟邪，迅速摧毁那些针对政府、企业、金融机构的虚假信息传播基础，挖掘信息源头予以充分曝光，及时纠正受到影响的大众认知，稳定大众预期和信心。二是要完善主要媒介的监管措施，对于金融信息制造和传播的金融机构、重要媒体和行业意见领袖等纳入舆论监控范围，以审慎与开放相结合的标准做好可疑有害信息的识别器、筛选器，对于失实信息要及时予以纠正，对明显带有倾向性和误导性的信息源要做到迅速定位、深挖动机，阻断二次传播与扩散。三是要完善舆情爆发的预警和响应机制，对于对方大规模认知攻击造成的集中舆情爆发，要建立充分的预警机制和应急预案，在日常舆情监控中设立金融安全博弈的专门预警标准，明确预警级别与应急响应措施，以常态化的预警监测机制和敏捷有效的处置措施构建形成金融安全博弈的舆情信息安全防护网。

| 第 七 章 |

结论与展望

本书主要就金融安全博弈的基本要素、博弈机理、攻击样式、流程体系等基本理论问题进行了研究。通过理论分析和案例分析，得出了若干基本结论，并且根据我国的现实需要进行了应用前景分析，对完善金融安全博弈的攻防体系提出了对策。本书在研究内容上实现了一定的理论创新，但也存在一些不足之处，对这一领域的研究尚存在较大的进步空间。

第一节　本书主要结论

本书通过研究总结得到了以下主要的结论和观点。

第一，金融安全博弈是一个经济体为了达成某种政治目的而采取非暴力手段攻击另一个经济体的金融体系，通过造成金融毁伤来削弱对手的战争经济支撑，从而在对抗较量中夺取战略优势的一种斗争形式。金融安全博弈已经成为一种新的国家力量投射工具，能够凭借超毁伤性、超灵活性和超隐蔽性的特点融入混合战争的新形态之中，达到"不战而屈人之兵"的效果。从历史脉络上看，金融安全博弈是金融与战争之间不断作用演化的产物，通过对金融学理论的分析可以梳理金融安全博弈的理论逻辑和实践路径，合理推断出金融安全博弈正进入多域耦合的新形态，整个的演进过程也表现出了目标微观化、手段复杂化和对抗隐蔽化的趋势特点。

第二，金融安全博弈机理是赢得胜利必然遵循的基本规律和内在原理，主要包括制胜基础、制胜要害和制胜途径三个部分。金融安全博弈的制胜基础是通过情报分析来绘制出金融地理态势图和金融网络拓扑图，从而全面精准地刻画目标金融体系的特征；制胜要害是基于对目标特征的分析，从目标金融市场、网络和社会脆弱性三个角度识别各类脆弱点，具有针对性地实施金融攻击；制胜途径是基于攻击和威慑两种作用分别对对方经济支撑力和政治支撑力的削弱原理，充分发挥"慑战并举"的综合作用来塑造对于对方的总体优势胜势，用以确保达成金融安全博弈的胜利目标。

第三，金融安全博弈的空间是物理域、信息域和认知域叠加耦合的"三域"空间。秉持主动进攻的视角开展研究，金融安全博弈的攻击途径可以分为资本攻击、网络攻击和认知攻击，并进一步得到九种基本攻击样式。资本攻击基于物理域要素，在一定的国际金融规则之下，通过攻击金融市场来破坏经济体系中的金融资本形成和流动，包含的攻击样式有金融制裁、货币投机攻击和资本市场做空。网络攻击基于信息域要素，通过在金融网络空间内攻击金融体系的信息系统和网络设施来破坏电子信息的存储、传输和处理，包含的攻击样式有金融系统组件攻击、金融网络协议攻击和金融网络拓扑攻击。认知攻击基于认知域要素，通过影响人的认知过程来诱导其采取容易诱发系统性金融风险的特定行为，从而破坏金融机构和市场体系的稳定性和可控性，包含的攻击样式有制造媒体偏见、炮制虚假信息和"智能帝国主义"。

第四，金融安全博弈的流程模型可以归纳为以 OODA 环为基础的 4 个阶段、12 项流程构成体系框架，整个流程的顺利运行需要建立在任务执行层、技术支撑层和要素保障层构成的支撑环境之中。观察阶段包含数据搜集、态势可视化 2 项流程，需要依托金融体系数据处理技术和金融网络拓扑分析技术来实现；判断阶段包括识别脆弱点、人工金融系统、金融安全博弈方案拟制 3 项流程，需要依托金融脆弱点识别技术、攻击致伤技术和策略生成技术来实现；决策阶段包括计算实验、方案评估、人机混合决策 3 项流程，需要依托计算实验与模型修正技术、多域柔性评估技术和贡献度测算技术来实现；行动阶段包括指挥控制、资源调配、团队执行、效能评估 4 项流程，需要依托资源协调保障技术、指挥控制优化技术和专门力量建设来实现。每一项流程任务的执行都需要特定的组织机构和软硬件平台，并且应当以完善的要素运行机制作为根本保障。

第五，金融安全博弈对于我国具有重要的应用前景，特别是对"灰色地带"斗争有一定的必要性、可能性和可行性。在这样的形势与需求下，我国应当从攻防两端进一步加强金融安全博弈体系的整体建设：应当通过构建扁平化的组织体系、培育现实化的力量体系和建设智能化的指挥控制系统来提高金融安全博弈的实战攻击能力；通过建设完善金融市场风险防线、金融网络安全防线和金融信息传播防线来巩固全方位的金融安全博弈防御体系。

第二节　本书主要创新

在现有的研究成果基础上，本书对于金融安全博弈基本理论的框架和内容都进行了一定的填补和完善，具有较强的理论创新性和实践指导性，本书创新之处主要体现在以下四个方面。

一是从经济学视角对金融安全博弈的博弈机理进行了分析，方法和结论上具有一定创新性。首先是从生产函数出发，通过比较静态分析说明了金融毁伤对于经济支撑力、战争实力的作用机理，提出金融安全博弈在短期内能够为发起方建立战争优势；其次以内生政策的利益集团模型为基础，说明了金融安全博弈的威慑压力如何产生收入效应和信号效应以削弱对方的政治支撑力，从而促使决策集团改变敌对的政策；最后是运用经济原理分析金融安全博弈"慑"与"战"的综合作用，考察了目标方的总成本与总收益变化情况，明确了金融安全博弈的取胜路径。

二是以多学科理论的交叉融合提出了关于金融安全博弈样式的新观点，在研究视角、范围和深度上都具有一定的独特性与创新性。本书紧跟战争形态变化与金融信息化全球化的发展趋势，以国防经济学为基础，结合了金融学、军事学、计算机等相关学科概念，创新性地提出了金融安全博弈的"三域"空间。这一观点将金融安全博弈的研究视野拓展到网络和认知空间，体现了符合未来战争形态的跨域多域特征，一定程度上有助于丰富、发展和重构金融安全博弈的理论体系。顺着这一思路，本书提出的资本攻击、网络攻击、认知攻击途径以及九种基本样式，组成了一套多域耦合的金融安全博弈样式体系，对于不同攻击途径和攻击样式的形式、机理、通道和工具等方面的分析体现了一定的研究深度。

三是提出了一套金融安全博弈流程体系框架，框架设计及结论具有一定的创新性。本书将 OODA 环引入金融安全博弈研究，结合美国的先进经验，将整个金融安全博弈的实施过程划分为 4 个阶段和 12 项基本流程，总体设计思路与以往研究相比突出了新颖性。而后又从实践应用的需求视角对于金融安全博弈流程运行中的主要问题以及相应的支撑环境进行了定性分析，特别将人工系统、计算实验、柔性评估和人机混合智能等新观点、新技术融入了金融安全博弈的实施领域，一定程度上体现了金融安全博弈理论研究的前沿性和创新性。

四是对金融安全博弈的理论应用问题进行了设想分析，有关结论以及提出的对策都具有一定的创新性。针对我国对于金融安全博弈的需求以及相应的条件与环境，提出"主动出击"的观点体现了在维护国家利益方面的手段创新。本书基于理论研究成果，对我国如何建设和完善金融安全博弈体系提出了对策，关于建设一套实际有效的攻击体系以及全方位防御体系的一些观点具有较强的理论创新和实践指导意义。

第三节　本书的不足之处与未来方向

必须要认清的是，金融安全博弈基本理论不仅是一个涉及多学科领域交叉融合的复杂问题，并且仍然在不断地向前发展。

一是金融安全博弈的样式分析还有待细化。首先，本书的结论将金融安全博弈划分为九种基本攻击样式，虽然在理论层面有一定的合理性，但实际上随着金融发展和技术手段的更新，这些样式仍然处于不断发展变化之中。特别是当前区块链、生物识别等前沿科技对于金融安全博弈具有重大的影响，也必然会产生全新的样式，对于这方面的分析有所欠缺。另外，在基本样式的研究中局限于表层的阐述，缺少从经济模型和数据实证上的深度推导证明，看上去"点到"，但却仿佛没有"吃透"。最后，本书主要聚焦在主动样式，对金融安全博弈的被动样式和手段还缺少足够的全面研究。因此，从这些方面来说，本书的研究还有待进一步细化。

二是金融安全博弈的流程研究还有待深化。金融安全博弈的流程体系实际上是个非常复杂的体系，而且必须要明确到组织结构、力量队伍和具体的操作技术层面，不仅需要跨多学科专业的理论积淀，还要对诸多技术手段深谙熟识，实非一人之力可为。并且这方面的国外做法也由于涉密程度高等原因难以获得，缺少成熟的经验可供借鉴。本书仅从理论角度构建了一个骨干框架，其中阶段和流程的设计略显单薄，人工金融系统、金融安全博弈靶场等关键支撑技术也仅是提出而未能进一步破解，有"骨干"而少"血肉"，整个流程体系显得不够饱满。因此，相关研究还有待进一步深化，距离真正实践运用尚有很长的路要走。

三是对于全球化条件下金融安全博弈的影响因素考虑还不够全面。在全球化条件下，各国金融联系密切而复杂，金融安全博弈涉及的不再仅仅是两个处于对立面的经济体，许多现实因素大大影响和制约着金融安全博弈的实施，如第三方的介入、法理约束、国际舆论影响等等。本书着重于一般性的基础研究，缺少了对许多类似因素的展开分析，所得结论过于一般而不够贴近现实。因此，从提高理论的全面性和应用场景的真实性来看，对于这些因素的专门研究显得十分必要。

四是理论应用的研究有待引入实证分析。实证分析基于历史和现实数据来查找相关规律，是得出判断结论的置信度更高的研究方法。然而，实证分析需要以数据和模型为基础，公开数据的范围和种类难以满足需要，并且跨域多域的金融安全博弈也不可能仅凭几个简单的模型来描述，而是需要一套模型体系。从长远来看，对于金融安全博弈理论应用前景的分析，特别是在可行性的研究中引入实证分析是十分必要的，也是下一步应当重点推进的方向。

　　展望未来，金融安全博弈必然将成为大国博弈的重要手段，金融安全博弈的理论研究不仅十分必要，还要注重与时俱进、不断完善。本书的研究仍然停留在一些较为粗浅的认识上，诸多不足之处也为下一步研究指明了方向。未来关于金融安全博弈基本理论的研究应当在追踪领域前沿理论和技术的基础上，研究范围进一步铺开来，研究内容进一步扎下去，研究方法进一步改进，推动金融安全博弈理论成为国防经济学科发展的一个闪耀的增长点。

参考文献

[1] HOFFMAN. Conflict in the 21st Century：The Rise of Hybrid Wars [M]．Arlington VA：Potomac Institute for Policy Studies，2007．

[2] 从"多域战"到"全域战"——对美军作战概念转型的理论思考 [EB/OL]．[2020 - 04 - 07]．https：//www. sohu. com/a/386056738_ 439965．

[3] 习近平．决胜全面建成小康社会 夺取新时代中国特色社会主义伟大胜利 [EB/OL]．[2017 - 10 - 27]．http：//cpc. people. com. cn/19th/n1/2017/1027/c414395 - 29613458. html,．

[4] 中华人民共和国国务院新闻办公室．中国的军事战略 [M]．北京：人民出版社，2015．

[5] 基斯·哈特利．国防经济学手册（第 1 卷）[M]．姜鲁鸣，沈志华，卢周来，等译．北京：经济科学出版社，2001．

[6] SCHELLING. The strategy of inflicting costs [A]．R. N. McKean. Issues in defense economics [M]．New York：Columbia University Press，1967：105 - 127．

[7] 约翰·柯林斯．大战略 [M]．中国人民解放军军事科学院，译．北京：战士出版社，1978：126．

[8] CHAN, A. Cooper Drury. Sanctions as Economic Statecraft：An Overview [A]．Steve Chan. Sanctions as Economic Statecraft：Theory and

PrActionice［C］. Hampshire：Macmillan Press，Ltd.，2000：2.

［9］库伦. 战争与和平经济理论［M］. 陈波，闫梁，译. 北京：经济科学出版社，2010.

［10］WAN. A Contribution to the Theory of Trade Warfare［M］. Cambridge：Massachusetts Institute of Technology，1961.

［11］KAEMPFER，LOWENBERG. Unilateral Versus Multilateral International Sanctions：A Public Choice［J］. Perspective International Studies Quarterly，1999.

［12］姜鲁鸣. 当代西方国防经济学的发展及对我们的启示［J］. 军事经济研究，2000（5）.

［13］陈德第，李轴，库桂生. 国防经济大辞典［M］. 北京：军事科学出版社，2001：77.

［14］张振龙. 军事经济学［M］. 沈阳：辽宁人民出版社，1988：375.

［15］刘化绵. 中国军事经济学教程［M］. 北京：军事科学出版社，1998：240.

［16］库桂生，沈永军. 经济战争论［M］. 北京：国防大学出版社，2008.

［17］戈良，沈永军. 战时经济战的主要功能与作战样式［J］. 军事经济研究，2011（4）：18－21.

［18］ZARATE. Treasury′s War：The Unleashing of a New Era of Financial Warfare［M］. New York：Public－Affairs，2013：512.

［19］BRACKEN. Financial Warfare［J］. Elsevier Limited on behalf of Foreign Policy Research Institute，2007（3）.

［20］西夫科夫. 混合战争的特点是方法和样式多种多样［J］. 方明，译. 世界军事参考，2016（29）.

［21］GOODMAN，BROUNING. The Art of Financial Warfare：How the

West Is Pushing Putin's Buttons ［J/OL］. ［2014 –03 –02］. Ne-wsweek（Global Ed.）.

［22］ CONWAY. Analysis in Combat：The Deployed Threat Finance An-alyst ［EB/OL］. ［2020 –02 –14］. https：//smallwarsjournal. com/jrnl/art/analysis – in – combat – the – deployed – threat – fi-nance – analyst.

［23］ Rand Corporation. Power to Coerce：Countering Adversaries with-out Going to War ［EB/OL］. ［2016 –05 –09］. https：//www. rand. org.

［24］ TULAK. 混合战以及信息环境下的新挑战 ［J］. 王燕，朱松， 译. 国际电子战，2015（9/10）：15 –17.

［25］ BORGHARD. Protecting Financial Institutions against Cyber Threats：A National Security Issue ［R/OL］. ［2018 –09 –24］. https：// carnegieendowment. org.

［26］ HEALRY. The Future of Financial Stability and Cyber Risk ［J/ OL］. The Brookings Institution，［2018 –09 –01］. http：//www. brookings. edu/research.

［27］ KATZ. Waging Financial War ［J］. Parameters，Journal of the US Army War College，2013，43（4）：77.

［28］ KATZ. Waging Financial Warfare：Why and How ［EB/OL］. ［2020 – 06 – 09］. https：//www. questi – a. com/read/1G1 – 513195200/waging – financial – warfare – why – and – how.

［29］ 乔良，王湘穗. 超限战 ［M］. 北京：解放军文艺出版社，1999.

［30］ 张光才，张绍忠，陈金召. 解读美军混合战争理论 ［J］. 国 防大学学报，2010（2）：96.

［31］ 乔良. 金融战与现代战争 ［J］. 经济导刊，2016（6）：70.

［32］徐进．从东亚金融危机的演变看中美日金融权力的消长［J］．
国际资料信息，1999（1）：13．

［33］火颖．金融战争与中美金融冲突博弈分析［D］．济南：山东
大学，2010．

［34］柯原，方杰．现代金融战争形态研究——基于香港金融保卫战的
案例分析［J］．福建金融管理干部学院学报，2010（1）：7－11．

［35］江涌．论国际资源争夺中的金融战［J］．现代国际关系，
2006（7）：38－43．

［36］王世豪．经济战的理论研究及实践设想［J］．当代经济，
2013（22）：148－150．

［37］江卉．"金融战"之"美式围困法"［J］．世界军事，2012
（11）：26－28．

［38］雷思海．大对决——即将爆发的中美货币战争［M］．北京：
北京大学出版社，2013．

［39］卢周来．大国金融博弈与军事力量建设［J］．经济导刊，
2017（8）．

［40］库桂生．国防经济理论精选［M］．北京：时事出版社，2017：
228－229．

［41］任泽平．中美金融安全正式开打：情景分析、工具手段及应对
［EB/OL］．［2019－08－07］．http：//pdf．dfcfw．com/pdf/H3_
AP201908071342541525_ 1．pdf．

［42］郑刚．金融攻击：一种全新的隐形战争方式［J］．竞争情报，
2013（3）．

［43］克劳塞维茨．战争论（第一卷）［M］．中国人民解放军军事
科学院，译．北京：商务印书馆，1997．

［44］戈兹曼．千年金融史［M］．张亚光，熊金武，译．北京：中

信出版社，2017：5 – 6.

[45] 英国柯林斯出版公司. 柯林斯中阶英汉双解词典［Z］. 北京：外语教学与研究出版社，2013.

[46] 默顿. 金融学［M］. 曹辉，曹音，刘澄，译. 北京：中国人民大学出版社，2017.

[47] 中国人民解放军军语［Z］. 北京：军事科学出版社，2011.

[48] 朱庆林. 战争经济学教程［M］. 北京：军事科学出版社，2011：317.

[49] 马歇尔. 经济学原理［M］. 廉运杰，译. 北京：华夏出版社，2005.

[50] 邵宇. 重回 1998 东南亚金融危机现场日元负面作用微妙［EB/OL］. ［2016 – 02 – 16］. http：//opinion. hexun. com/2016 – 02 –16/182270795. html.

[51] 郑华伟. 历史上的十次货币战争［M］. 上海：上海财经大学出版社，2011：102.

[52] 熊彼特. 经济分析史［M］. 北京：商务印书馆，2009：474.

[53] 陈志武. 近代英法竞争中为何英国胜出？［N］. 经济观察报，2018 – 06 – 11.

[54] 丁骋骋. 现代金融何以在西欧勃兴［EB/OL］. ［2012 – 04 – 16］. http：//finance. ifeng. com/roll/20120416/5936416. shtml.

[55] 周开年. 威廉·配第的货币思想初探——兼论《货币略论》在其思想形成中的地位［J］. 湖北师范学院学报：哲学社会科学版，1986（2）：45.

[56] 任泽平. 钱从哪来？如何影响经济和资产价格？——货币创造之理论篇［EB/OL］. ［2019 – 11 – 08］. http：//www. china – cer. com. cn/zhonghong/20191108966_ 3. html.

［57］ALLEN，FRANKLIN，SANTOMERO. What do Financial Interme-diaries Do? ［J］. Journal of Banking & Finance，2001，25（2）：271－294.

［58］吴晓求，许荣. 金融理论的发展及其演变［J］. 中国人民大学学报，2014（04）：33－40.

［59］陈智君. 从2013年诺贝尔经济学奖看金融学的发展——以金融学说比较分析为角度［J］. 经济学家，2014（6）：91－102.

［60］阿瑟. 复杂经济学［M］. 贾拥民，译. 杭州：浙江人民出版社.2018：63.

［61］马克思. 资本论（第一卷）［M］. 郭大力，王亚南，译. 北京：北京理工大学出版社，2011.

［62］翟东升. 关键在波动而非压力——从拿破仑大陆封锁体系的失败看经济战规律［J］. 江海学刊，2019（1）：176.

［63］白海军. 红色经济战［M］. 北京：中国青年出版社，2014：87－112.

［64］王辛平. 苏伊士运河危机背后的金融博弈，由货币博弈而制止的战争［EB/OL］.［2018－02－22］. http：//mini. eastday. com/mobile/180222151309681. html.

［65］SHAKA RIAN P，SHAKARIAN J，RUFF A. 网络战［M］. 吴奕俊，康鹏珍，蒋云君，译. 北京：金城出版社，2017.

［66］马勇. 系统性金融风险：一个经典注释［J］. 金融评论，2011（4）：1.

［67］夏斌. 系统性金融风险的两大特征［EB/OL］.［2019－3－3］. http：//www. wpbattery. net/licaigonglue/19802. html.

［68］陈果静. 抓住防范系统性金融风险的"牛鼻子"［N］. 经济日报，2019－12－02.

［69］杰克逊．人类网络：社会位置决定命运［M］．余江，译．北京：中信出版社，2019．

［70］盘和林．金融反腐就是防控"人为"金融风险［N］．中国青年报，2017 - 5 - 3．

［71］米什金．货币金融学［M］．陈雨露，译．北京：中国人民大学出版社，2010．

［72］刘向．战国策［M］．王守谦，等，译注．贵阳：贵州人民出版社，1994：42．

［73］孙武．孙子兵法［M］．孙晓玲，译注．呼和浩特：远方出版社，2004：136．

［74］曹江．"信息链接"作战空间：一种对信息化战争作战空间形态的新认识［J］．中国军事科学，2014（1）：78 - 87．

［75］遽记逊．现代战争作战空间探析［J］．通信指挥学院学报，2012（3）：79 - 80．

［76］十种攻击向量（attack vector）全解析［EB/OL］．［2012 - 08 - 21］．https：//m. zol. com. cn/article/3151134. html.

［77］希法亭．金融资本［M］．重庆：重庆出版社，2008．

［78］陈铖．金融资本的积累途径［D］．北京：中国政法大学，2013．

［79］吉布森．神经漫游者［M］．Denovo，译．南京：江苏文艺出版社，2013．

［80］李耐和．赛博空间与赛博对抗［EB/OL］．［2011 - 02 - 26］．http：//www. knowfar. org. cn/article/201102/26/286. htm.

［81］黄贤军．赛博空间作战问题研究［M］．北京：国防大学出版社，2013：245．

［82］路学刚，任军远．勒索病毒全球肆虐给银行业的启示［J］．金融科技时代，2017．

［83］凯恩斯. 就业利息和货币通论［M］. 陆梦龙, 译. 北京: 中国社会科学出版社, 2009.

［84］哈特利, 桑德勒. 国防经济学手册（第二卷）［M］. 姜鲁鸣, 陈波, 等译. 北京: 经济科学出版社, 2011.

［85］ZARATE. Harnessing the Financial Furies: Smart Financial Power and National Security［J］. The Washington Quarterly, 2009 (10): 43 - 58.

［86］21 世纪网新闻敲诈案: 收百余家企业数亿 "保护费" ［EB/OL］. ［2014 - 09 - 11］. http: //www. chinanews. com/fz/2014/09 - 11/6579250. shtml.

［87］黑客攻陷美联社微博［EB/OL］. ［2013 - 04 - 25］. http: //news. sina. com. cn/w/2013 - 04 - 25/070926941128. shtml.

［88］ "智能帝国主义" 大轮廓［J］. 人民论坛·学术前沿, 2013, 20: 4.

［89］瑞士银行保密法或逐渐瓦解［EB/OL］. ［2013 - 06 - 13］. http: //world. people. com. cn/n/2013/0613/c1002 - 21820224. html.

［90］连文珑. 基于 OODA 的网络对抗试验方法研究［D］. 哈尔滨: 哈尔滨工业大学, 2017.

［91］江天娇, 田罗庚, 滑楠. 基于 OODA 环的体系作战能力探析［J］. 西安通信学院学报, 2015, 14 (5): 110 - 113.

［92］张江, 李学伟. 人工社会——基于 Agent 的社会学仿真［J］. 系统工程, 2005, 23 (1): 13.

［93］杜兰. 人机耦合给生活带来更多新变化［EB/OL］. ［2018 - 09 - 09］. http: //finance. people. com. cn/n1/2018/0909/c1004 - 30281696. html.

［94］王飞跃. 人工社会、计算实验、平行系统——关于复杂社会经

济系统计算研究的讨论 ［J］. 复杂系统与复杂性科学, 2004
(4): 25 - 35.

［95］车文博. 心理咨询大百科全书 ［M］. 杭州: 浙江科学技术出
版社, 2001: 519.

［96］萧浩辉. 决策科学辞典 ［M］. 北京: 人民出版社, 1995.

［97］方齐云. 完全理性还是有限理性——N·A·西蒙满意决策论
介评 ［J］. 经济评论, 1994 (4): 39 - 43.

［98］永恒之蓝事件介绍 ［EB/OL］. ［2018 - 09 - 21］. https: //
new. qq. com/omn/20180921/20180921G28AM3. html.

［99］周云, 黄教民, 黄柯棣. 深绿计划关键技术研究综述 ［J］.
系统仿真学报, 2013, 25 (7): 1633 - 1638.

［100］人工智能战斗系统 ALPHA: 打败美国空军上校 ［EB/OL］.
［2016 - 06 - 30］. https: //www. sohu. com/a/100119596_ 162522.

［101］中国人民银行金融稳定分析小组. 中国金融稳定报告 (2019)
［R］. 北京: 中国金融出版社, 2019.

［102］中华人民共和国国务院新闻办公室. 新时代的中国国防
［M］. 北京: 人民出版社, 2019.

［103］加强金融行业网络安全 ［EB/OL］. ［2019 - 09 - 09］. ht-
tps: //bank. hexun. com/2019 - 09 - 09/198485804. html.